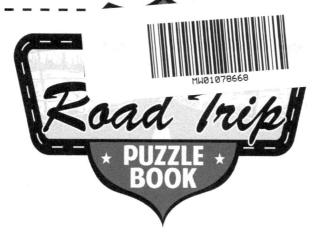

Road Trip
★ PUZZLE ★ BOOK

MAINE

NEW
HAMPSHIRE

VERMONT

MASSACHUSETTS

CONNECTICUT

RHODE ISLAND

USA GRAB A PENCIL PRESS

CARLISLE, MASSACHUSETTS

★ How to Use this Book ★

The puzzles in this book were designed to enhance a real road trip or help armchair travelers hit the virtual road.

The order of the puzzles follows the starred stops on the map in this book. The route is circular, so you can start anywhere along the route and experience the journey from wherever you like. As a bonus, we've included other interesting general travel-related puzzles to entertain you between the stops.

Whether you are in your car or on your couch, you are sure to discover unique, curious, and inspiring places through the puzzles in this book. If you find a word or idea that is unfamiliar, you can google it and learn something new.

We had a fun time dreaming this up. Hope you have a great journey!

Great American New England Road Trip Puzzle Book
Copyright ©2020 Applewood Books, Inc.

ISBN: 978-1-945187-17-9

Manufactured in the United States of America

Welcome to Massachusetts

Across

1 Boston's 2.5-mile landmark trek through downtown.

2 Boston's famous 26-mile race run on Patriots Day each April.

5 A popular vacation peninsula.

6 Home to witch trials of 1692 and the "House of Seven Gables."

8 A geologic kettle hole inspiring Henry David Thoreau.

9 Museum village dedicated to 18th- and 19th-Century New England.

11 Summer vacation Cape town that has a vibrant LGBTQ community.

12 Home of author Edith Wharton.

13 New England's favorite MLB team.

Down

1 The oldest stadium in Major League Baseball.

2 Fifth largest U.S. art institution with more than 450,000 works.

3 Home of the Basketball Hall of Fame.

4 Known as "Beantown" and "The Cradle of Liberty."

7 *Mayflower* pilgrims' landing spot in December 1620.

10 A championship franchise that calls its home Foxborough.

Boston History

```
H U P S M L Q O V O K K S U B
L R T W E V M Q O L Q X C S Q
E C B A E C W H E D M D Z S N
Y O O N T R G U S N X B M C K
V P S B I E E L U O B O R O I
E P T O N V Q L O R U S M N N
Y S O A G E I A H T N T O S G
S H N T H R N H E H K O M T S
K I C S O E W L T C E N N I C
R L O G U H Y I A H R L R T H
Z L M O S O Z U T U H A T U A
Z Z M M E U W E S R I T C T P
G Q O Z M S P N M C L I U I E
E M N L X E J A V H L N J O L
U W I B E A F F Q S Q G I N X
```

BOSTON COMMON	BOSTON LATIN	BUNKER HILL
COPP'S HILL	FANEUIL HALL	KING'S CHAPEL
MEETINGHOUSE	OLD NORTH CHURCH	REVERE HOUSE
STATE HOUSE	SWAN BOATS	USS CONSTITUTION

Boston Food

```
H  S  F  T  H  L  C  H  D  L  Q  C  D  Z  I
Q  S  E  K  N  U  Y  T  E  H  B  P  F  A  I
F  U  N  G  Z  C  D  D  Q  U  L  A  C  N  C
K  H  W  M  S  Y  B  F  R  V  N  R  H  M  A
Y  Q  A  G  L  X  V  F  C  M  H  K  O  K  N
D  H  Y  C  E  F  W  S  O  H  C  E  W  E  N
D  A  F  M  U  I  L  L  I  R  T  R  D  Z  O
U  A  R  D  J  K  A  D  B  U  Q  H  E  H  L
N  R  A  T  Q  S  O  H  E  M  F  O  R  Y  I
K  E  N  A  S  D  B  B  A  D  F  U  G  U  T
I  T  K  E  G  R  B  U  N  K  M  S  E  L  Q
N  S  S  L  E  K  W  K  S  S  P  E  A  E  T
D  B  Z  Z  B  D  R  C  U  G  S  Z  A  P  B
E  O  B  W  H  O  O  D  S  I  E  S  T  G  S
I  L  R  U  M  E  I  P  M  A  E  R  C  L  Y
```

BEANS	CANNOLI	CHOWDER
CREAM PIE	DUNKIN'	FENWAY FRANKS
HOODSIES	LOBSTER	MOLASSES
PARKER HOUSE	TEA	TRILLIUM

Boston Curiosities

```
W L N B P E X X Q G R U U O Q
V B C K G D K O O B N I K S K
Z D V S H U I G V H N D H M V
D U Y C S T A O B K C U D D C
F M D A L L P T I V D M Y U A
T N I R Q D B E G B O C M C N
U X Z L O Z U A D V C D A K D
O E B E K S M K I E D N P L L
N C T T Q B D E G U E O P I E
Y T C T R S O T K W R P A N P
Q P A O T I F T O O C G R G I
M F U H V J H L T N A O I S N
T E Y A C F K E H L S R U F L
O F X R S R E E H C E F M K X
S U Z A U K M N M E T C H E N
```

BIG DIG	CANDLEPIN	CHEERS
DUCK BOATS	DUCKLINGS	FROG POND
MAPPARIUM	MILK BOTTLE	SACRED COD
SCARLETT O'HARA	SKIN BOOK	TEA KETTLE

Decode the Vanity Plate

Decode the license plate phrases and write them in the boxes below.

1.

NVRL8

2.

CALQL8

3.

XQZME

4.

XLR8S

5.

W84ME

6.

NDLSMR

7.

B9S 2US

8.

CRE8IV

Boston Arts and Attractions

```
P  Z  R  U  C  G  G  F  A  T  L  B  K  H  V
G  R  C  D  M  C  F  Q  L  B  R  G  Q  A  O
S  H  D  N  E  H  A  G  E  M  Y  T  J  V  R
Y  O  R  E  S  I  H  D  J  N  X  R  F  E  S
M  U  T  S  U  L  D  N  U  S  U  A  N  E  L
P  S  E  U  O  D  H  I  N  T  V  D  C  W  I
H  E  C  O  H  R  H  T  U  R  R  A  P  I  O
O  O  N  H  E  E  F  Q  Q  A  N  B  R  U  G
N  F  E  A  T  N  T  J  G  D  R  O  J  V  C
Y  B  I  R  A  S  M  U  I  R  A  U  Q  A  M
H  L  C  E  T  E  P  I  T  A  T  W  H  P  H
A  U  S  P  S  W  Z  M  P  V  A  L  F  Z  M
L  E  F  O  D  K  T  E  R  R  K  F  W  H  H
L  S  S  D  L  W  J  C  F  A  T  N  M  G  P
O  I  M  M  O  B  T  S  Q  H  V  F  A  S  W
```

AQUARIUM	BAD ART	CHILDREN'S
GARDNER	HARVARD ART	HOUSE OF BLUES
ICA	MFA	OLD STATE HOUSE
OPERA HOUSE	SCIENCE	SYMPHONY HALL

Boston Sports

```
U  C  M  S  B  F  S  R  Y  J  G  K  N  O  Z
V  H  N  T  E  C  C  K  A  E  R  R  W  A  R
M  U  D  O  L  M  I  W  W  S  E  R  W  K  E
C  A  H  I  I  B  T  W  N  Y  E  Q  X  L  J
B  L  R  R  C  I  L  Q  E  E  N  N  I  Z  Q
R  V  J  T  H  L  E  R  F  K  M  T  J  R  P
U  O  Q  A  I  L  C  E  X  G  O  I  E  V  E
I  J  Q  P  C  R  Z  V  N  G  N  D  P  I  S
N  G  N  A  K  U  W  O  Q  D  S  D  H  Y  K
S  Q  K  L  K  S  F  L  S  O  T  A  D  C  Y
P  S  V  Y  C  S  I  U  X  V  E  Q  L  Y  P
C  I  T  G  O  E  I  T  K  S  R  Z  X  Q  O
X  T  M  U  O  L  Q  I  P  T  Y  E  Q  Z  L
A  D  I  B  I  L  K  O  E  X  U  X  K  E  E
C  A  Z  G  C  L  F  N  B  R  A  D  Y  J  Y
```

BELICHICK	BILL RUSSELL	BRADY
BRUINS	CELTICS	CITGO
FENWAY	GREEN MONSTER	PATRIOTS
PESKY POLE	RED SOX	REVOLUTION

Famous Bostonians

```
O P C I S A M A D A M S V Y X
E T G T T O C L A U V H P X F
R F E T U F R A N K L I N M J
E P A D T E X H Y M Y P H B R
V L B I W D K P M V Q B U J S
E J I M I I B D P E A B O D Y
R W G Y V I L O D X J H J B S
L H A O D T T L T E N P T S E
U E I A E E P R I H T V S X P
A A L J A P N Z A A J S O F D
P T A D B Y X N A I M H M Z U
H L D H N B C O E K D S M L T
G E A F Y O Z D K K I L Y Q O
P Y M D C N Q G R F Z M R O B
H E S K Q I G A H Z R J R X X
```

ABIGAIL ADAMS	ALCOTT	FRANKLIN
JOHN HANCOCK	KENNEDY	OLMSTED
PAUL REVERE	PEABODY	SAM ADAMS
TED WILLIAMS	WHEATLEY	ZAKIM

Car Brands

```
E  F  G  Z  P  X  K  K  P  P  M  Y  M  A  B
Q  O  H  Z  V  P  C  O  I  A  T  B  Q  E  Y
S  R  Z  Q  K  F  N  A  A  Y  Y  I  T  Q  X
S  D  J  Z  D  T  D  N  A  S  S  I  N  J  M
U  U  L  H  I  N  G  D  O  V  A  T  O  O  Z
B  R  R  A  U  S  Z  M  Z  F  W  M  Q  G  O
A  X  C  Y  Z  A  O  V  C  A  V  D  A  S  A
R  O  H  V  M  A  T  O  Y  O  T  P  F  O  J
U  Y  M  N  F  N  E  G  A  W  S  K  L  O  V
X  C  Z  V  C  A  D  I  L  L  A  C  D  V  P
C  G  Q  Z  B  D  J  X  Y  U  D  H  E  L  O
A  Q  B  T  W  U  H  U  R  C  M  S  E  V  J
M  Z  S  Z  V  W  P  R  G  B  G  R  L  G  B
G  J  A  D  N  O  H  R  G  O  Y  O  L  G  N
V  P  C  O  Z  U  K  D  T  H  V  H  N  Y  Q
```

CADILLAC	FORD	GMC
HONDA	HYUNDAI	MAZDA
NISSAN	PONTIAC	SUBARU
TOYOTA	VOLKSWAGEN	VOLVO

New England College Tour

Match the institution of higher education to its sports team name.

1. ____ University of Vermont

2. ____ Harvard University

3. ____ University of Rhode Island

4. ____ Brown University

5. ____ University of Connecticut

6. ____ University of Maine

7. ____ Yale University

8. ____ Providence College

9. ____ University of Massachusetts

10. ____ University of New Hampshire

11. ____ Bowdoin College

12. ____ Boston College

A. RAMS

B. WILDCATS

C. CRIMSON

D. EAGLES

E. MINUTEMEN

F. CATAMOUNTS

G. HUSKIES

H. BULLDOGS

I. BEARS

J. BLACK BEARS

K. FRIARS

L. POLAR BEARS

Plymouth, Massachusetts

```
Y  Z  L  E  P  I  L  G  R  I  M  H  A  L  L
B  Q  T  W  I  N  S  L  O  W  B  A  C  O  N
H  S  I  D  N  A  T  S  S  E  L  I  M  C  Y
W  X  P  L  I  M  O  T  H  P  E  U  B  D  N
V  R  I  A  H  C  R  E  T  S  W  E  R  B  R
J  K  C  O  R  H  T  U  O  M  Y  L  P  M  Z
F  Q  C  W  K  O  G  B  P  P  X  X  U  A  X
I  C  O  P  I  E  P  A  B  O  W  L  Y  L  A
R  J  M  F  D  A  Z  P  T  S  V  V  O  O  H
O  Q  J  T  T  K  S  M  X  X  U  Z  F  J  Q
D  T  D  U  V  E  R  E  W  O  L  F  Y  A  M
Z  O  X  G  A  O  N  A  P  M  A  W  T  U  Z
Q  E  C  R  N  K  M  Y  O  I  V  X  K  R  N
T  F  I  T  I  O  S  A  S  S  A  M  T  V  G
G  T  I  S  Q  U  A  N  T  U  M  M  Y  E  R
```

BACON	BREWSTER CHAIR	MASSASOIT
MAYFLOWER	MILES STANDISH	PATUXET
PILGRIM HALL	PLIMOTH	PLYMOUTH ROCK
TISQUANTUM	WAMPANOAG	WINSLOW

Cars Come in All Colors

```
L X U T A S G L O V N Y B T G
F Q B E T I H W G G I W S Q E
C J R T V A K P P O U B C S E
Y F Q D F G M J J W X L C U N
S Q G C K F V G R I Y A N Z D
C L Y X K N F V D N Y C B F V
M J Q U N O O R A M Z K T L L
I K X Z N D V S S I S N H M
V J W Z C Y I X Y M S G E Y R
S U O J G B D O R A N G E Q G
X I L I M W G T B B R U Z I C
N A L A O C R A H C L G S K G
V A E V G L E V L B D T R J Q
W R Y L E P E K F B R O W N B
S J A X F R N B T A N J X P V
```

BLACK	BLUE	BROWN
CHARCOAL	GRAY	GREEN
MAROON	ORANGE	SILVER
TAN	WHITE	YELLOW

Heritage Museum and Gardens

```
Z  D  M  T  Z  U  N  V  T  S  R  L  K  I  C
M  Y  R  E  Q  B  I  O  L  E  L  B  H  U  O
R  X  F  N  I  Y  A  B  A  L  L  S  Y  I  I
W  H  T  L  U  H  T  M  B  I  I  L  D  W  L
Y  X  O  L  I  C  N  X  Y  B  M  E  R  O  F
L  F  L  D  A  N  U  I  R  O  T  T  A  L  O
S  D  H  N  O  E  O  T  I  M  S  O  N  L  L
E  Y  R  Y  L  D  F  O  N  O  A  H  G  O  K
I  L  Q  D  X  A  E  X  T  T  E  E  E  H  A
L  L  H  Q  I  J  M  N  H  U  D  E  A  N  R
I  I  K  E  Q  N  U  T  D  A  L  B  B  E  T
L  L  M  W  Q  B  L  O  B  R  O  A  B  D  D
Y  I  R  U  D  O  F  W  J  M  O  P  K  D  M
A  L  U  R  V  N  D  T  R  D  W  N  H  I  O
D  E  C  A  R  O  U  S  E  L  V  L  S  H  C
```

AUTOMOBILES	BEE HOTELS	CAROUSEL
DAYLILIES	ELI LILLY	FLUME FOUNTAIN
FOLK ART	HIDDEN HOLLOW	HYDRANGEA
LABYRINTH	OLD EAST MILL	RHODODENDRONS

The Edward Gorey House

```
D O C E P A C R N D I T Q D O
T I C K E I A E O X K E Y D A
V G U F S L N E T B E L L L L
D R R M B L I T Y E T E G Y P
N O I H R U M E I W C P A G I
L H O T M S A P G K H H S I H
A T S H X T L P E F I A H D V
S U I G W R W U K K N N L O G
K A T I I A E P G Q G T Y R R
S E I R C T L P B Y S H C P G
K N E W N O F C T X H O R D H
Y A S Y G R A L W I W U U L J
D A U A I T R K W G W S M I C
O L R L S E E P O B P E B H R
P V H P Y W J W L M A S C C T
```

ANIMAL WELFARE	AUTHOR	CAPE COD
CATS	CHILD PRODIGY	CURIOSITIES
ELEPHANT HOUSE	ETCHINGS	GASHLYCRUMB
ILLUSTRATOR	PLAYWRIGHT	PUPPETEER

New England Islands

Match the island description to the correct island name.

1. ____ An island settled in 1638 and home today to more than 58,000 residents.	**A.** *CONANICUT ISLAND, RI*
2. ____ At 108 square miles, the second largest island on the East Coast and home to summer colonies.	**B.** *STAR ISLAND, NH*
3. ____ Penobscot Indians left behind shell mounds after oyster feasts on this 113-square-mile island.	**C.** *MOUNT DESERT ISLAND, ME*
4. ____The largest island in Lake Champlain, with over 31 square miles.	**D.** *NANTUCKET ISLAND, MA*
5. ____ Named for the chief of a Narragansett tribe and has the largest Native American cemetery in New England.	**E.** *COCKENOE ISLAND, CT*
6. ____ An island and county, adapted from similar Algonquin names, it is a popular tourist destination.	**F.** *BLOCK ISLAND, RI*
7. ____ Strong storms separate this island from its sister isle where a barrier beach otherwise connects the two.	**G.** *MARTHA'S VINEYARD, MA*
8. ____ Tourists take to biking and hiking on this isle, less than 10 square miles but home to 2 lighthouses.	**H.** *VINALHAVEN ISLAND, ME*
9. ____ Only 1/2 square mile, this recreational isle is named for a Native American translator.	**I.** *AQUIDNECK ISLAND, RI*
10. ____ A thriving fishery and summer colony, the island uses wind power as its source of energy.	**J.** *CHAPPAQUIDDICK ISLAND, MA*
11. ____The third largest island on the East Coast at 96 square miles and an affluent summer colony.	**K.** *GRANDE ISLE, VT*
12. ____ Some 39 acres, this island 7 miles off the mainland is known for religious gatherings.	**L.** *ISLE AU HAUT, ME*

Radio Stations of New England

Match the radio station with its frequency.

1. ____ WEQX Alternative Rock

2. ____ WFCR Talk

3. ____ WAQY Classic Rock

4. ____ WCRB Classical

5. ____ WWBX Variety

6. ____ WJMN Hip Hop

7. ____ WFNQ Classic Rock

8. ____ WWOD Variety

9. ____ WNTQ Pop

10. ____ WEZQ Sports

A. 104.1

B. 99.5

C. 106.3

D. 94.5

E. 93.1

F. 102.7

G. 92.9

H. 102.1

I. 88.5

J. 93.9

Cape Cod National Seashore

```
J  G  A  P  C  H  A  T  H  A  M  K  R  J  R
W  F  V  V  T  M  A  H  T  S  A  E  N  U  P
X  W  A  L  N  O  M  Q  B  I  F  M  V  T  T
R  U  S  S  M  H  W  F  J  L  K  F  E  V  R
U  P  L  T  X  R  D  N  B  M  D  N  Y  O  M
M  V  A  S  R  E  T  S  I  S  E  E  R  H  T
P  L  E  G  T  H  G  I  L  T  E  S  U  A  N
Z  B  S  S  K  C  A  H  S  E  N  U  D  I  Z
E  S  N  E  R  R  A  B  E  N  I  P  H  S  C
M  A  R  C  O  N  I  B  E  A  C  H  K  Y  Q
X  M  T  A  H  P  M  A  P  W  P  R  G  H  I
T  N  I  O  P  E  C  A  R  A  A  Q  E  L  L
F  F  F  A  X  N  I  L  G  H  V  Q  H  C  J
M  W  D  I  I  P  R  K  S  Y  J  Y  I  F  P
V  F  C  L  V  C  H  A  M  P  L  A  I  N  I
```

CHAMPLAIN	CHATHAM	DUNE SHACKS
EASTHAM	MARCONI BEACH	NAUSET LIGHT
PINE BARRENS	P-TOWN	RACE POINT
SEALS	SHARKS	THREE SISTERS

Pilgrim Monument

```
F  V  S  R  A  E  S  D  R  A  L  L  I  W  T
D  I  H  Y  U  Q  O  T  C  A  P  M  O  C  U
A  O  I  Z  M  U  E  S  U  M  D  G  M  T  Y
I  N  K  N  L  R  E  W  O  L  F  Y  A  M  T
T  N  E  M  U  N  O  M  X  P  Q  D  F  P  N
U  D  F  S  O  Z  T  R  H  V  R  T  X  Z  E
F  I  R  S  T  L  A  N  D  F  A  L  L  P  W
U  E  H  I  G  H  P  O  L  E  H  I  L  L  T
X  N  D  P  G  G  F  F  U  N  Q  I  A  R  N
T  E  D  D  Y  R  O  O  S  E  V  E  L  T  E
U  L  V  J  V  M  E  B  I  A  H  C  Q  E  E
J  W  V  E  L  I  N  A  P  M  A  C  N  N  T
E  T  I  N  A  R  G  J  Q  S  O  W  F  G  X
N  W  O  T  E  C  N  I  V  O  R  P  L  D  I
D  E  H  I  M  N  P  F  Z  Q  Y  O  H  B  S
```

CAMPANILE	COMPACT	FIRST LANDFALL
GRANITE	HIGH POLE HILL	MAYFLOWER
MONUMENT	MUSEUM	PROVINCETOWN
SIXTEEN TWENTY	TEDDY ROOSEVELT	WILLARD SEARS

Nature You Might See

```
E  U  Y  I  Q  P  E  D  W  W  I  U  H  C  M
R  I  N  G  M  I  O  Q  J  T  K  Y  L  N  V
G  G  T  Q  R  S  H  U  B  E  R  I  G  V  B
C  S  D  I  T  T  J  T  X  K  F  E  J  U  P
N  I  A  T  N  U  O  M  S  F  Z  O  S  Y  Q
G  R  G  N  F  S  N  X  K  E  Y  X  W  E  P
P  M  K  K  O  P  G  D  M  M  R  L  O  I  D
X  W  O  G  N  H  T  Y  R  R  E  O  N  T  B
N  O  H  T  O  N  C  E  D  A  S  A  F  H  S
X  D  I  U  F  R  V  J  N  U  Q  G  C  J  U
O  A  J  U  E  I  W  S  E  A  O  Z  X  T  P
A  E  S  E  R  B  Y  Z  R  U  E  L  D  P  U
T  M  K  S  Z  Y  G  Z  S  Q  C  C  C  L  E
J  R  Q  F  O  V  E  K  M  R  I  R  O  B  C
J  L  W  C  E  K  A  L  F  W  Q  J  H  Y  D
```

CLIFF	CLOUD	CREEK
DESERT	FOREST	LAKE
MEADOW	MOUNTAIN	OCEAN
PRAIRIE	RIVER	TUNDRA

Lizzie Borden

```
X  A  A  M  M  E  U  M  Y  H  S  U  B  T  F
Q  I  O  A  W  Y  F  B  S  I  R  G  Y  X  C
L  J  G  P  R  O  B  F  E  D  U  K  D  Y  J
F  I  K  L  R  A  X  N  C  E  O  S  U  Q  K
J  H  G  E  E  S  P  I  O  B  T  R  D  I  D
O  J  D  C  V  J  O  N  N  B  T  E  T  K  B
H  P  O  R  I  G  W  E  D  A  H  D  C  D  M
N  Q  R  O  R  R  M  T  S  N  G  R  A  F  I
M  T  R  F  L  E  B  Y  T  D  I  U  G  K  C
O  D  F  T  L  V  Z  T  R  R  N  M  Y  O  Q
R  D  D  U  A  S  Q  W  E  E  H  O  C  G  C
S  U  L  N  F  W  Y  O  E  W  Q  H  B  I  L
E  G  N  I  T  N  U  H  T  S  O  H  G  I  D
Y  G  W  L  M  K  K  E  M  G  L  R  L  S  V
V  H  Z  H  X  H  A  T  C  H  E  T  W  X  U
```

ABBY	ANDREW	EMMA
FALL RIVER	GHOST HUNTING	HATCHET
JOHN MORSE	MAPLECROFT	MURDERS
NIGHT TOURS	NINETY TWO	SECOND STREET

Welcome to Rhode Island

Across

3 Its early name was the Colony of Rhode Island and _____ Plantations.

6 University of Rhode Island sports teams' nickname.

7 RI is the only state to celebrate the Allies' defeat of Japan in 1945.

8 Ivy League research university established in 1764.

10 A summer musical tradition started in 1954.

12 Nickname for the smallest state in the U.S.

13 A popular ocean sport in a state known for the America's Cup.

14 Elaborate structures on the Atlantic Ocean.

Down

1 Italian Renaissance mansion built by Cornelius Vanderbilt in 1893.

2 Summer resort and home to the Naval War College.

4 Algonquian tribe from Rhode Island.

5 Named for a president, a 1799 former U.S. Army post.

8 Named for a Dutch explorer, this island is located 9 miles off the RI coast.

9 Established in 1877, home to over 100,000 works of art.

11 Providence College sports teams' nickname.

Rhode Island School of Design

```
N  J  S  H  T  I  R  I  S  G  P  H  E  S  I
I  R  B  B  N  V  E  D  L  Z  I  I  E  F  N
K  P  B  Z  E  I  T  K  T  V  S  W  Y  K  C
O  L  E  W  M  R  N  M  A  I  M  S  B  B  L
S  O  C  U  E  K  E  A  H  E  E  R  D  C  U
T  H  N  H  G  N  C  H  S  R  E  E  S  Z  S
H  R  E  W  A  G  E  R  N  U  W  T  J  H  I
E  A  D  Q  G  K  C  O  S  T  X  S  Y  Q  V
N  W  I  B  N  O  A  G  D  P  V  A  Z  X  E
E  Q  V  T  E  C  H  U  Y  L  Z  M  F  K  A
S  Q  O  V  C  C  U  V  U  C  D  V  A  R
I  P  R  T  I  R  S  G  R  C  Z  L  D  S  T
O  C  P  M  V  R  A  O  T  S  L  O  Z  A  Y
H  C  I  P  I  P  R  O  P  H  E  T  X  Y  D
X  Q  F  Y  C  U  X  N  Q  O  L  I  K  A  I
```

CHACE CENTER	CIVIC ENGAGEMENT	GORHAM
INCLUSIVE ART	KASAYA	NIKOSTHENES
OLD MASTERS	PROPHET	PROVIDENCE
SCULPTURE	WARHOL	WEEMS

Roger Williams Park Zoo

```
H  L  A  P  I  P  B  H  V  P  N  T  S  B  S
H  S  U  Y  S  K  M  C  O  C  Y  I  U  O  M
L  B  R  H  O  D  E  I  S  L  A  N  D  K  E
P  G  X  P  Y  B  M  E  B  O  N  A  S  R  N
M  J  J  S  K  L  K  Z  N  Y  N  D  A  T  A
I  P  K  D  S  Z  G  S  V  F  N  I  H  U  G
Y  E  B  E  W  L  E  I  O  A  N  C  E  N  E
R  N  O  K  U  C  L  R  L  F  V  S  F  K  R
E  G  S  B  Q  L  T  T  O  Q  P  G  F  V  I
E  U  C  U  A  H  E  R  R  M  L  G  A  M  E
F  I  M  G  H  W  E  E  S  I  O  T  R  O  T
L  N  E  H  P  S  H  T  M  B  F  K  I  L  Y
C  S  Q  L  T  H  A  T  E  E  H  C  G  S  T
J  A  M  B  O  J  U  N  C  T  I  O  N  C  I
V  X  W  F  F  A  R  M  Y  A  R  D  C  P  B
```

BUNNY VILLAGE	CHEETAH	DANFORTH
FARMYARD	GIRAFFE	JAMBO JUNCTION
MENAGERIE	PENGUINS	RAINFOREST
RHODE ISLAND	TORTOISE	WETLANDS

Engine Parts

```
H P Q T I M I N G B E L T R Z
X F M D W K E T Y J C E I I K
T Z G U A T L D B P E B B O R
T F U E P X U B U Q P H A V A
E C L P A R U G D F R D T R D
K Y P L L J E H K T U E T E I
S L K N Z T O T E W B Q E S A
A I R B L J B K A R U Y R E T
G N A V O F N X S W Z S Y R O
D D P G L N O T S I P U Y L R
A E S F E Z E Z Q R S G N I O
E R E N G I N E B L O C K O N
H F L R O T A N R E T L A V I
D I K P U U G J F D Y I M H I
T F A H S K N A R C Z Z V L B
```

ALTERNATOR	BATTERY	CRANKSHAFT
CYLINDER	ENGINE BLOCK	HEAD GASKET
OIL RESERVOIR	PISTON	RADIATOR
SPARK PLUG	TIMING BELT	WATER PUMP

Newport Cliff Walk
and Mansions

```
X  U  L  B  E  S  U  O  H  E  L  B  R  A  M
U  V  I  C  H  E  P  S  T  O  W  D  R  F  L
L  R  G  E  C  H  A  N  L  E  R  X  Y  U  F
E  O  H  Q  O  Y  K  H  Z  S  M  N  F  L  B
Y  S  T  B  R  E  A  K  E  R  S  Y  I  N  S
C  E  H  C  A  E  B  T  S  R  I  F  R  B  C
G  C  O  M  P  Y  A  Y  D  U  H  K  C  I  E
S  L  U  A  G  K  Z  I  K  E  L  M  S  S  U
N  I  S  D  I  Z  T  C  O  Y  D  G  O  A  S
K  F  E  H  C  A  E  B  S  Y  E  L  I  A  B
M  F  S  D  Y  G  P  N  F  Y  Y  B  Y  C  S
V  L  J  Y  X  C  G  Z  L  H  W  A  X  B  A
H  H  K  T  R  U  O  C  L  E  B  T  I  E  A
O  M  Y  L  Y  G  L  I  A  R  T  I  O  L  T
H  X  D  D  A  S  J  Y  T  E  G  J  D  L  D
```

BAILEY'S BEACH	BELCOURT	BREAKERS
CHANLER	CHEPSTOW	ELMS
FIRST BEACH	ISAAC BELL	LIGHTHOUSES
MARBLE HOUSE	ROSECLIFF	TRAIL

Fort Adams

```
L R B N R W F V O K B N Z A H
C G D A B K Y S L A E O R N O
P X F V A W A V A W X M T S W
R S D A T C B T P U Y S J F I
E R D L T G U O B Y M U I N T
S K D A E L R I M N T R C M Z
I D N C R T C W M I S E A D E
D R L A Y I Y J P T C J S E R
E A P D Q R Q W S R G Z E T S
N N W E E B D Y E E T E M O P
T R O M G O S I Y O L B A U J
P E N Y I T P O O D Y G T S J
I B R V E Y I E Y C B E E A R
Y T X M S Q H P G Y A H S R D
C J B R E W O H N E S I E D C
```

ARMY	BATTERY	BERNARD
CASEMATES	DE TOUSARD	EISENHOWER
FIRST SYSTEM	HOWITZERS	NAVAL ACADEMY
NEWPORT	PIERCE	PRESIDENT

Pets to Take Along

```
S  V  S  A  J  L  Z  X  C  J  U  R  U  R  Y
H  V  Z  P  R  K  T  Y  A  R  J  L  Z  M  E
V  M  O  U  S  E  L  T  R  U  T  S  F  E  N
D  O  X  R  J  P  W  U  A  O  C  Q  G  Y  N
S  X  H  A  M  S  T  E  R  O  K  J  O  I  A
H  C  P  B  J  N  P  L  I  Z  A  R  D  D  U
O  H  T  B  D  A  V  E  W  Q  I  G  G  R  N
J  I  E  I  Z  K  T  E  Y  U  W  Z  I  M  R
E  N  R  T  H  E  J  T  T  U  F  T  P  L  T
G  C  R  B  Q  L  R  K  P  Y  C  W  A  E  Z
H  H  E  C  G  I  G  O  H  E  G  D  E  H  P
K  I  F  V  A  S  P  G  I  I  L  J  N  M  O
X  L  C  B  G  T  Z  B  M  Z  O  X  I  V  I
B  L  V  E  D  E  J  U  B  G  G  H  U  G  Q
M  A  Z  X  T  Q  M  E  X  D  S  I  G  W  I
```

CAT	CHINCHILLA	DOG
FERRET	GUINEA PIG	HAMSTER
HEDGEHOG	LIZARD	MOUSE
RABBIT	SNAKE	TURTLE

Beavertail State Park

```
T R O F N O I T U L O V E R U
F Y G O L O I B E N I R A M A
I H I A J P E G T O Q A J K Z
E T D M T Z D Y I I M T N N A
L U M T M M I L D T A T S A Y
D L U S G A S X E A E U F R U
S I I S V V N I P T L C J R S
T G R L M U R C O S M I A A M
O H A E I D U C O O Q N M G N
N T U E A S B C L I B A E A H
E H Q D N E T F S D H N S N B
L O A N E A R I I A H O T S N
E U P A Z H O I S R Y C O E V
K S U S J Z F G B P I Q W T W
I E W U J N V I G M P P N T E
```

AQUARIUM	CONANICUT	FIELDSTONE
FORT BURNSIDE	JAMESTOWN	LIGHTHOUSE
MARINE BIOLOGY	NARRAGANSETT	RADIO STATION
REVOLUTION FORT	SAND EELS	TIDE POOLS

Connecticut

Welcome to

Across

2 Major train service provider with connections in Hartford and New Haven.

4 Connecticut's most populous city and a historic seaport.

5 It is home to the largest U.S. maritime museum.

8 Algonquian tribe in southern Connecticut owning Foxwoods Resort Casino.

11 Hartford museum known for Baroque art and Impressionist paintings.

12 Capital and historic home to the insurance industry.

Down

1 The Connecticut _____ of 1787 agreed to big and small state representation.

3 The residence of Samuel Langhorne Clemens and family from 1874 to 1891.

6 A popular tourist attraction and General Assembly home.

7 Connecticut's Women's National Basketball Association team name.

9 The sports teams' name at the University of Connecticut.

10 This manufacturing city's motto is "What Is More Lasting than Brass?"

Road Trip Hangman

With a partner checking the answer key, try to guess the correct word for each Hangman Puzzle within 10 attempts. Guessing one letter at a time, fill out a section of the hangman for each incorrect guess, and write the letter on the line (in the right spot) for each correct guess.

1.

_ _ _ _ _ _ _ _ _

INCORRECT LETTERS:

2.

_ _ _ _   _ _ _ _

INCORRECT LETTERS:

3.

_ _ _ _ _ _ _ _ _ _

INCORRECT LETTERS:

4.

_ _ _ _ _ _   _ _ _ _

INCORRECT LETTERS:

Mystic Seaport

```
H A R T F O R D T R E A T Y M
C H A R L E S M O R G A N M W
Y E H F I U M M U I R A U Q A
P G F X T B F A M I S T A D T
W D F Q H K W T O A X V O Y Q
F I V R G U A H C A P P I H C
A R K X Y R R E B C A M M E W
T B G O S Z L D Y W F Q G F S
K E S H I P Y A R D H P S T S
N L Z A J G D T D F D A F E K
Q U O C K R I S T U B E L X E
D C Y L E O W F F I N B J E L
J S U U X T U T N E P T G Y R
J A N O P O L O I S U R O Y L
O B U J H N X Y U Z M U V N L
```

AMISTAD	AQUARIUM	BASCULE BRIDGE
CHARLES MORGAN	CHIPPACHAUG	EMMA C. BERRY
GROTON	HARTFORD TREATY	L. A. DUNTON
SABINO	SHIPYARD	WHALER

Traveler Restaurant

```
Z  Z  R  L  S  K  O  O  B  E  E  R  F  U  F
M  H  H  Y  N  B  W  M  W  D  Z  B  Z  N  J
K  T  F  P  L  V  S  N  T  V  C  K  U  J  S
I  B  B  G  T  V  P  F  O  K  X  Z  S  K  M
H  Z  N  I  C  G  E  G  C  Q  G  K  E  O  I
A  M  C  O  M  F  O  R  T  F  O  O  D  M  E
Y  A  D  L  L  A  T  S  A  F  K  A  E  R  B
G  S  A  W  Y  W  H  Y  E  L  K  C  U  B  B
E  M  I  G  L  Q  A  H  Y  S  K  B  R  P  S
A  M  R  B  J  R  U  O  F  Y  T  H  G  I  E
U  N  I  O  N  C  T  W  U  P  D  I  K  E  P
C  C  K  H  N  B  C  R  I  C  H  T  O  N  S
B  I  G  E  L  O  W  H  O  L  L  O  W  Z  C
T  H  E  B  O  O  K  C  E  L  L  A  R  R  F
A  N  A  I  B  I  R  D  F  E  E  D  E  R  S
```

BIGELOW HOLLOW	BIRD FEEDERS	BREAKFAST ALL-DAY
BUCKLEY HWY	COMFORT FOOD	CRICHTON
EIGHTY-FOUR	FREE BOOKS	THE BOOK CELLAR
UNION, CT	UPDIKE	USED

Old Sturbridge Village

```
L E Z M U E S U M N D Y N V T
Q S L C B G R I S T M I L L P
R U C B I I M Y O O V E G P A
W O A J X B X T Q J Z X S Z R
I H N Y B Q W C U H Y X H U S
A O F R Y R O E I Q K M O S O
I N A S H L H N N F V V E S N
R N Z D O C C X E A W T S U A
Z E I N U U Q Y B F O L H D G
B F I Q S O A T A U E O O G E
K A X L E K X J U Y X G P Z O
L D M E E T I N G H O U S E T
D N A L G N E W E N P D C F W
S S H C A O C E G A T S K H X
Y R O T S I H G N I V I L I Y
```

BIXBY HOUSE	COLONIAL	FENNO HOUSE
GRISTMILL	LIVING HISTORY	MEETINGHOUSE
MUSEUM	NEW ENGLAND	PARSONAGE
QUINEBAUG	SHOE SHOP	STAGECOACH

Cooler Brands

```
G V V G Y R G P E L I C A N N
Q Y U D E N V M E B I K W T U
F F Y L Z Z I R G X Z A B N P
O I S E I P R Q T N P B R A D
Y U U G A N Y I J T G O X M M
U S L Y W D D E V M Z N W E X
K O R G E L U M E C I F O L Y
O L P X P G X D X V A Z R O P
B R L L B E A N T Z G B R C S
I N C F L N Z I I F T B E B A
I C L A C O E V R E K I U L D
Z T P G U Y C O U T O T S B A
B U M C D N F I O P M E K W K
H F V W D A C O T V O Y M O S
I B N Y X C B J D R Q P D V L
```

CABELA	CANYON	COLEMAN
GRIZZLY	ICEMULE	IGLOO
L. L. BEAN	ORCA	PELICAN
RTIC	TOURIT	YETI

Amazing World of Dr. Seuss

```
P  K  G  M  E  T  V  Z  Q  S  J  G  H  V  E
A  Z  I  D  D  A  J  B  U  D  F  U  E  Z  G
J  S  W  N  O  H  O  P  A  X  U  L  X  M  G
A  U  H  R  P  E  E  G  D  N  Q  H  Z  D  N
D  T  O  W  S  H  N  E  R  B  T  Z  R  E  D
Q  S  V  K  Z  T  W  I  A  N  I  H  E  Y  L
Y  A  I  G  X  N  H  S  N  Z  S  C  N  O  E
E  R  L  K  A  I  M  E  G  Z  S  N  R  Q  I
R  H  L  F  R  T  G  L  L  E  X  I  O  I  F
T  P  E  U  O  A  E  P  E  U  X  R  C  Y  G
L  O  K  J  L  C  L  V  B  W  U  G  S  H  N
E  E  E  C  W  N  F  P  I  I  B  I  T  V  I
T  H  X  G  G  P  N  B  G  L  J  J  A  V  R
S  T  X  Y  Q  E  R  U  T  P  L  U  C  S  P
H  O  R  T  O  N  S  S  R  K  Z  F  T  C  S
```

CAT IN THE HAT	CAT'S CORNER	GEISEL
GRINCH	HORTON	LORAX
QUADRANGLE	SCULPTURE	SPRINGFIELD
THEOPHRASTUS	WHOVILLE	YERTLE

Basketball Hall of Fame

```
S X E M U S E U M J J T P P S
I N M C H C I V A R A M W O Y
O P M V R I W K S Z T R J S I
Y N M H A A P F I E F G P G H
N A E X B J B G W L P R P W K
A I F A U E Q B M O I O M T D
D S A E L D B W A N R N O H T
R M K L D G E E G J V W I W H
O I B V R S X F R W L Q R U S
J T V T T E I X Q V U U E U I
V H F V A E B M H Z I B D J R
Y O N Z L S Q M B L L N J B Y
A A F D C R M F A K H P G S A
H C S E R N P B I H I Q Q Y E
P C Z B A Y L O R I C V R X Z
```

ABDUL JABBAR	BAYLOR	CHAMBERLAIN
ERVING	JORDAN	MARAVICH
MUSEUM	NAISMITH	O'NEAL
SPRINGFIELD	SWOOPES	WEST

Mark Twain House

```
C  W  D  I  C  G  D  K  O  U  P  J  P  S  J
X  F  N  A  A  M  E  L  I  B  R  A  R  Y  W
D  A  G  D  V  G  B  W  N  T  G  R  Y  D  M
Y  N  O  W  R  D  X  Z  O  Q  I  N  X  U  U
W  G  T  E  W  O  C  I  G  T  F  S  M  V  E
U  J  H  F  Q  O  F  Z  O  M  S  F  G  M  S
S  B  I  B  C  W  C  T  E  L  G  A  D  W  U
V  N  C  A  T  S  U  G  R  O  C  R  X  Z  M
V  O  R  L  Y  G  R  M  A  A  B  M  Y  K  N
W  O  E  A  A  N  T  C  P  G  H  I  C  E  E
C  K  V  X  N  I  Z  Y  R  O  H  N  F  X  E
V  C  I  J  K  K  Q  X  X  P  T  G  W  I  R
S  A  V  R  E  Y  W  A  S  M  O  T  A  J  G
D  F  A  E  E  N  Z  Z  B  E  X  O  E  N  G
O  E  L  N  H  O  C  L  E  M  E  N  S  R  F
```

CLEMENS	CT YANKEE	FARMINGTON
GOTHIC REVIVAL	GREEN MUSEUM	HARTFORD
KINGSWOOD	LIBRARY	NOOK CAFE
POTTER	STOWE	TOM SAWYER

Reasons for Travel

```
X X H Q P I Q Y J E Q M K V F
J C O U H U K X Z V F L Y E M
W S L K O M V A C A T I O N Q
B L I C T R T E R N I J U Y Y
U R D U O E L R E Y N H N R R
S C A W G F L U S N N E W B E
I U Y A R G M T E D X W V Y N
N L P N A U X N A U H D L T E
E T V D P M E E R Q W I U R C
S U D E H J O V C K M I Q E S
S R R R Y Y J D H A D U U U N
S E M L D Y Z A F A D N Y N O
V O N U H V L X A R T U R I B
G L N S S Q W X L J H V I O N
N J V T B B E A C H O N A N L
```

ADVENTURE	BEACH	BUSINESS
CULTURE	FAMILY	HOLIDAY
PHOTOGRAPHY	RESEARCH	REUNION
SCENERY	VACATION	WANDERLUST

New England Pick Your Own

Match the correct location to the farm or orchard.

1. ____ Pick your own APPLES from Lyman Orchards thoughout September. The orchard is the oldest family-owned business in America, dating back to 1741.

A. TYNGSBORO, MA

2. ____ Pick your own STRAWBERRIES between June and the first week of July at Salisbury Farm.

B. COLCHESTER, VT

3. ____ Pick your own BLUEBERRIES from July through September from these highbush blueberry plants at the Blueberry Hill Farm.

C. MIDDLEFIELD, CT

4. ____ Pick your own CHERRIES at Parlee Farms during a short season from late June to mid-July.

D. SPRINGFIELD, VT

5. ____ Pick your own PEACHES from among 750 trees at Butternut Farm. There are 3 seasons from late July until mid-September and 19 varieties.

E. WALPOLE, NH

6. ____ Pick your own PEARS at Alyson's Orchard, which has over 450 acres of orchards and a farm stand with a variety of locally made products.

F. ACTON, ME

7. ____ Pick your own RASPBERRIES July through mid-August at Ellsworth Hill Orchard & Berry Farm. Fall fun includes a corn maze!

G. SOUTH NATICK, MA

8. ____ Pick your own PUMPKINS at Sam Mazza's Family Farm the last weekend of Septemer through the third weekend of October.

H. JOHNSTON, RI

9. ____ Pick your own PLUMS at one of the oldest working farms in the country. The Belkin Family Lookout Farm was settled by Minister John Eliot in 1650. The plums' picking period is from mid-August to early September.

I. FARMINGTON, NH

10. ____ Pick your own CURRANTS at Cherry Hill Farm throughout the summer months. This small family farm specializes in red and black currants.

J. SHARON, CT

Dinosaur State Park

```
E M T Z H S V X Q R S O X E B
T E A R B O R E T U M K B P X
H S V E M O D C I S E D O E G
M O U B W K C U O G P G D B H
U Z T R I A S S I C M U R A L
O O R F U Q R F W U L H P O N
Z I A R G A C O B T R A C K S
O C C G B D S L C F E S T D T
T P X X F Y K O O K Q Q S S N
O L B M Q O R S H U Y S B Y B
Z A K W P M S D M P G H H M K
I N G Z I I E L P T O F I P C
U T J S L I A R T D S L I L I
L S Z L H Y O A D I G P I T L
L U E R E U B R O N T E S D M
```

ARBORETUM	DIG PIT	DILOPHOSAURUS
EUBRONTES	FOSSIL	GEODESIC DOME
MESOZOIC PLANTS	OTOZOUM	ROCKY HILL
TRACKS	TRAILS	TRIASSIC MURAL

Gillette Castle

```
B  S  E  M  L  O  H  S  O  Y  A  M  O  K  C
L  Z  S  S  P  A  X  C  E  U  H  B  J  S  C
L  H  F  P  D  U  R  S  N  A  R  Z  E  I  L
U  Y  X  J  M  S  B  T  H  E  W  V  X  R  S
S  D  M  X  I  A  P  B  K  A  E  E  A  N  E
K  D  H  E  Q  O  L  O  W  N  O  I  E  N  U
C  O  O  E  L  Y  M  Y  T  U  L  R  O  D  G
O  Z  T  L  A  J  T  H  N  R  R  T  X  N  M
L  O  Y  N  F  T  S  A  O  A  S  Z  C  V  B
K  M  D  Y  K  I  E  A  C  D  F  A  R  Z  B
C  R  H  O  S  G  D  D  L  L  U  F  A  Z  O
I  L  V  T  I  N  L  E  B  R  A  K  I  W  T
R  E  E  L  Q  Z  I  F  X  E  N  T  Y  T  N
T  R  S  E  U  F  K  H  F  X  D  B  E  N  M
M  A  D  D  A  H  T  S  A  E  S  U  Q  M  M
```

AUNT POLLY	EAST HADDAM	FIELDSTONE
HEATED BED	HOLMES	LYME
METAL CAT	RAILROAD	SEAWEED
SEVENTH SISTER	TIFFANY LAMPS	TRICK LOCKS

Fast Food Restaurants

```
Q R E G R U B A T A H W K Y S
D G G J U Q E D B S F M M O Y
C I N O S L F X O W D V R H B
D V I C R H A R D E E S M L R
R X K M C D O N A L D S O L A
F S R F P R S M F V S X V D O
T E E J C K Q J J J Q C G Y G
Y Y G X F W E N D Y S J G H N
K E R M T G L U R W S T T I F
F P U R A J Z F A V A Q M S R
Y O B S C O B O J A N G L E S
I P D J E H P T J G B C J J Q
V O S N M T K M P S U B W A Y
Q A W N X B X G X Y U O M I Q
F L F R L L E B O C A T E E J
```

ARBY'S	BOJANGLES'	BURGER KING
HARDEES	KFC	MCDONALD'S
POPEYES	SONIC	SUBWAY
TACO BELL	WENDY'S	WHATABURGER

PEZ Visitor Center

```
O D Z Z Q C T G O M U E A W G
S I C P T M W S K I N L E U B
P S Q T W N A C A N D Y V J V
D P X Y E A Q G Y U U V B W T
F E P D L S W J X J P X L W C
L N F F V L M O O X H Y R A E
J S S X E A N N E I V J Q M G
F E Y R T F P V S E J A M P N
V R O U A D F P T H X K A L A
M M B O B S O E A U Q L I V R
R M Z K L Q Y H R J S J S C O
J D E Q E F Y A W M G Z C C P
I L P M T B C A A R I X X A M
X E L J S S B S R Z P N G L R
W C G R O Y E N S I D M Z N V
```

CANDY	DISNEY	DISPENSER
HAAS	ORANGE, CT	OSCAR UXA
PALS	PEZ BOY	PFEFFERMINZ
STAR WARS	TWELVE TABLETS	VIENNA

Mohawk Mountain

```
L  K  M  E  N  M  O  A  V  M  F  K  I  K  F
C  I  V  I  L  W  O  R  K  S  V  J  G  O  O
U  B  Y  G  L  W  C  Y  O  H  O  N  E  O  B
T  G  Z  C  A  S  C  A  D  E  I  G  U  C  Q
R  W  A  A  W  U  M  R  H  K  D  V  V  A  M
O  M  J  C  N  X  W  M  I  I  P  F  M  T  L
U  A  Y  B  R  A  R  H  R  Z  S  T  J  A  C
T  C  E  X  O  K  Y  B  O  F  V  E  W  C  F
P  J  N  G  C  I  D  L  N  R  F  L  D  S  I
A  S  C  H  O  E  N  K  N  E  C  H  T  W  S
R  P  W  F  R  W  O  X  V  A  H  U  J  Q  M
K  A  Q  E  K  O  O  R  B  S  L  L  A  F  S
G  K  V  H  O  U  S  A  T  O  N  I  C  E  Y
D  O  O  A  E  E  S  S  K  I  I  N  G  K  N
C  A  V  D  B  A  S  A  L  M  A  R  B  L  E
```

BASAL MARBLE	CASCADE	CIVIL WORKS
CORNWALL	COVERED BRIDGE	FALLS BROOK
HIKING	HOUSATONIC	SCATACOOK
SCHOENKNECHT	SKIING	TROUT PARK

Road Trip Math Puzzlers

Solve these math word problems.

1. Ruth is traveling 60 mph toward Boston, which is 75 miles away. If she maintains this pace, how many minutes will it take her to reach her destination?

2. Andrew is halfway between Seattle and Los Angeles, which are 1,135 miles apart. If his average speed is 55 mph, how much longer does he need to drive to reach Los Angeles, excluding pit stops?

3. Johnny is rationing his snacks on his way to Disney World. He only has 30 pieces of candy left and 5 hours to go. How many pieces of candy can he have per hour?

4. Beth is traveling from Houston to Dallas, which is about 240 miles away. The speed limit is 65 mph for the first half of the trip and 55 mph for the second half. How long will the trip take?

5. Patrick is worried about running out of gas. His car gets 35 mpg and has a 16-gallon gas tank that is three-quarters full. How many more miles can he drive before he runs out of gas?

Jacob's Pillow

```
P O H P I H T W T V G Y G O F
Y R T W B T Z I G Z A G W H E
O O Z E M N W A H S D E T Y S
X D E S O U Q P G L S K I L T
P L B E R K S H I R E S B L I
M T E O N O I S U L C N I G V
W O X Y A B O S E V I H C R A
U C S H G F E I M B A Q E U L
D O O G I A H A N N A O J I L
S G N I W E L B I S I V N I L
O Q V X E B R P F A O L U Z B
M T B A K A L A R S T U D I O
M I H F E X V N B R G T C E E
J B I C T H T U R S S I M X Z
G B Z G Y W D A N C E N V D F
```

ARCHIVES	BAKALAR STUDIO	BERKSHIRES
DANCE	FESTIVAL	HIP-HOP
INCLUSION	INVISIBLE WINGS	JOANNA HAIGOOD
MISS RUTH	TED SHAWN	ZIGZAG

New England Music Festivals

Mark the correct answer for each question about regional music festivals.

1. The Rhythm & Roots Festival in Charlestown, Rhode Island attracts musicians who defy categories. The mix includes pop, zydeco, swing, honky-tonk, delta blues, ____, and others.

- ☐ *A. Hoedown*
- ☐ *B. Metal*
- ☐ *C. Country*
- ☐ *D. Rock*
- ☐ *E. Polka*

2. As the summer home of the Boston Symphony Orchestra, Tanglewood in ____ is a destination for music and nature lovers alike. The Berkshire hills are the backdrop for music that includes rock, folk, pop, and classical.

- ☐ *A. Pittsfield, MA*
- ☐ *B. Adams, MA*
- ☐ *C. Lenox, MA*
- ☐ *D. Great Barrington, MA*
- ☐ *E. Sheffield, MA*

3. Since ____, the Litchfield Jazz Fest has been hosting three days of jazz, crafts, food vendors, and performances by students from its very own Litchfield Jazz Camp.

- ☐ *A. 1985*
- ☐ *B. 1996*
- ☐ *C. 1962*
- ☐ *D. 2017*
- ☐ *E. 2005*

4. The Discover Jazz Festival in ____ holds performances by regional and national artists. It is a 10-day celebration of live music for all ages on four stages.

- ☐ *A. Burlington, VT*
- ☐ *B. Rutland, VT*
- ☐ *C. Montpelier, VT*
- ☐ *D. St. Albans, VT*
- ☐ *E. Brattleboro, VT*

5. Considered one of the most prestigious blues events on the East Coast, the North Atlantic Blues Festival in ____, features national names in the field.

- ☐ *A. Camden, ME*
- ☐ *B. Belfast, ME*
- ☐ *C. Ellsworth, ME*
- ☐ *D. Rockland, ME*
- ☐ *E. Brunswick, ME*

6. Litchfield, Maine, plays host to one of the largest family musical events in New England, the ____ Fingers Bluegrass Festival in mid-June. Four days of music attract fans in buses, campers, and RVs from all over the Northeast.

- ☐ *A. Snappy*
- ☐ *B. Musical*
- ☐ *C. Sly*
- ☐ *D. Quick*
- ☐ *E. Blistered*

7. The White Mountain Boogie N' Blues Festival in ____ is the largest outdoor blues festival in New Hampshire. The boogie stage is a natural amphitheater in a 72-acre pasture.

- ☐ *A. Thornton, NH*
- ☐ *B. Ashland, NH*
- ☐ *C. Jaffrey, NH*
- ☐ *D. Farmington, NH*
- ☐ *E. New London, NH*

8. Established in 1954, this jazz festival named after ____ is known as the "First Annual American Jazz Festival," with some 13,000 attendees at its inception.

- ☐ *A. Narragansett Pier, RI*
- ☐ *B. Newport, RI*
- ☐ *C. Jamestown, RI*
- ☐ *D. Middletown, RI*
- ☐ *E. Providence, RI*

Tanglewood

```
O R Z O R J B Z I G N Y A V K
S J X I M Q P U O Q R S Q U B
S Y B O S T O N P O P S N S N
W F K C E K F B O R X I B P R
S N C E J O Z A W A H A L L G
T C N A Y U W K N F N F G X C
O K Z R A S I L I B R A R Y J
C Z Y R S S D N N F X E T I C
K X K J L E T H E L Q H R L P
B G F C O V U R U L B U H A F
R W S I O I C K E U S B J L S
I U C S H T V V U C O O E H U
D S K U C Z W D Y W N N N P C
G U H M S K L S M K O O U S Q
E Y X L J Y P J X X P K C J N
```

BOSTON POPS	BSO	CONCERTS
JAZZ	KOUSSEVITZKY	LENOX
LIBRARY	MUSIC	NELSONS
OZAWA HALL	SCHOOLS	STOCKBRIDGE

Historic Deerfield

```
N  N  F  S  S  D  S  K  A  S  P  R  M  T  O
Q  E  V  V  B  X  T  S  G  E  Z  Z  K  O  H
H  D  I  Y  U  V  F  R  R  U  D  B  I  Q  C
Q  R  L  D  S  Y  A  E  I  X  K  L  N  J  B
N  A  L  S  F  W  R  T  C  L  Y  O  G  X  J
E  G  A  C  U  W  C  N  U  C  N  O  P  I  U
M  S  G  H  R  H  D  E  L  P  H  D  H  K  D
U  K  E  A  N  P  N  C  T  B  T  Y  I  C  O
Z  O  G  M  I  A  A  T  U  C  A  B  L  U  M
N  O  N  P  T  M  S  N  R  G  P  R  I  T  N
X  C  I  N  U  U  T  Y  A  F  T  O  P  M  E
O  A  V  E  R  H  R  L  L  R  O  O  S  U  K
D  T  A  Y  E  D  A  F  X  P  O  K  W  C  E
K  N  E  S  Q  V  N  B  U  D  F  N  A  O  G
D  Y  W  R  G  F  K  P  J  A  S  Y  R  P  L
```

AGRICULTURAL	ARTS AND CRAFTS	BLOODY BROOK
CHAMPNEY'S	COOKS' GARDEN	FLYNT CENTER
FOOTPATH	FURNITURE	KING PHILIP'S WAR
POCUMTUCK	VILLAGE	WEAVING

Drinks to Pack

```
E A W W Y H E Q Z T C E K E B
O X J N P G T R Q E W B T C V
V D Y V L Y N E N A R A U T C
X C O F F E E E V E L F T E K
R L M S S O E B Z O P I A E H
E R J U I C E T C C G H N P R
I F J T X P L O O R A T F E Q
H X N M J E H O G D X S D B Y
T U R O S C J R O O I S D A Q
O G E D T K D S L Q G O M B B
O S U O O P M B M U Y I Q U V
M D H J L A S N D E M A L O C
S A L A E L A R E G N I G G I
T D X R I K T M A G T B B Z U
K B C L E M O N A D E X A T S
```

COFFEE	COLA	CREAM SODA
GINGER ALE	HOT CHOCOLATE	JUICE
LEMONADE	ROOT BEER	SELTZER
SMOOTHIE	TEA	WATER

Bridge of Flowers

```
N W Z T F U C M Q S Z T Y D C
R I D R N O O K E L O R T G B
C S S O U R L U T L C T N A U
Q T N L G K R W E A B W U Q L
E E A L A J A V R F X J O X C
G R I E M W I Y C E R M C B S
D I R Y A T N A N N A N U N
I A T I B M S W O R E H I C E
R C S X T R T L C U F N L K M
B P E M G N R I J B J R K L O
T X D S Q Z E A H L Y U N A W
O T E B M Y E R Y E S B A N D
O M P F Z L T A V H T C R D N
F X G G V I E Q X S F D F D Y
O U V X N P M U K B E W Y W X
```

BUCKLAND	BURNHAM	COLRAIN STREET
CONCRETE	FOOTBRIDGE	FRANKLIN COUNTY
PEDESTRIANS	RAILWAY	SHELBURNE FALLS
TROLLEY	WISTERIA	WOMEN'S CLUB

Mass MoCA

```
D  M  U  S  E  U  M  H  A  D  U  R  B  I  K
F  T  I  C  E  B  R  R  K  S  Z  D  D  L  C
I  L  G  U  U  G  N  I  M  R  O  F  R  E  P
Q  G  L  L  K  T  C  I  V  W  D  L  N  G  B
A  I  Y  P  V  I  M  L  I  F  B  O  F  K  X
B  B  P  T  S  V  C  I  K  V  R  N  C  Q  P
Y  L  Z  U  B  Y  H  V  L  T  X  Y  Y  A  X
R  F  M  R  H  M  J  L  H  J  R  Q  I  H  Y
O  W  W  E  K  D  T  A  A  D  X  N  B  C  C
T  K  K  G  Q  U  D  U  F  V  T  V  R  Y  S
C  P  I  S  I  A  L  J  F  I  I  K  J  L  P
A  U  E  Y  M  J  A  A  N  V  C  T  J  B  P
F  A  F  S  N  C  W  G  S  H  N  Z  S  J  G
V  G  E  N  T  H  E  A  T  E  R  V  O  E  F
U  T  R  Q  G  W  D  A  N  C  E  Q  Y  D  F
```

DANCE	FACTORY	FESTIVAL
FILM	KIEFER	MUSEUM
MUSIC	NORTH ADAMS	PAINTING
PERFORMING	SCULPTURE	THEATER

Clark Art Institute

```
M  D  Q  A  H  L  R  F  X  A  A  U  L  Z  P
A  P  D  I  T  T  A  S  S  A  C  K  G  G  I
R  S  P  X  S  O  S  V  N  N  E  Y  O  H  M
G  E  Y  X  E  X  W  I  Y  S  A  A  L  C  A
O  J  D  Z  W  V  K  O  K  A  P  R  S  W  N
R  U  M  P  I  R  S  F  W  F  H  G  P  A  T
P  E  W  Y  N  A  U  J  F  R  O  E  I  K  O
E  R  P  J  G  U  B  S  R  E  T  L  H  G  N
S  U  V  E  M  B  A  A  W  M  O  T  S  C  N
I  T  D  J  A  B  R  R  G  I  G  L  W  K  Q
A  P  H  H  C  C  B  G  I  N  R  B  O  B  E
R  L  S  J  H  I  I  E  B  G  A  H  L  N  K
Y  U  F  V  I  E  Z  N  A  T  P  Q  L  K  A
N  C  F  P  N  W  O  T  V  O  H  D  E  O  M
O  S  I  F  E  K  N  X  W  N  S  N  F  V  C
```

BARBIZON	CASSATT	DEGAS
FELLOWSHIPS	LE GRAY	MANTON
PHOTOGRAPHS	RAISE PROGRAM	REMINGTON
SARGENT	SCULPTURE	SEWING MACHINE

Welcome to Vermont

Across

1 With a vertical drop of 3,050 feet, this is "The Beast of the East" ski resort.

4 Starting at an old gas station in 1978, this is now a nationally recognized brand.

6 The nation's sixth largest lake, on Vermont's western border.

8 Burlington art institution housing over 150,000 works.

10 "Ski Capital of the East," home to a mountain resort.

13 The first college in Vermont founded in 1800.

14 Built in 1787, statesman's home on Winooski River.

15 Capital city with the smallest population in the U.S.

Down

2 A 250-mile range running the length of Vermont.

3 At 165 feet, the deepest chasm in Vermont.

5 Home of Alexander Twilight, the first African American to earn a college degree.

7 Vermont's nationally recognized export and breakfast favorite.

9 Summer home of Robert Todd Lincoln, son of President Abraham Lincoln.

11 The Vermont _____ was established in 1777 during the Revolutionary War.

12 This VT company is the largest seller of its product by mail order and internet.

Road Conditions

```
G W D A I Y D N I W S R Z S M
Y T R A F F I C Z H N B W O Z
E H B K A Q M O R Z O E Y G M
E U E R N S D N A Q W N W N L
V N A M U L X S G H I I V P J
S T I O U E P T N Z N H T D Y
G W A L N X M R I U G S Y F O
S K G X C H A U N O U N G D X
R E D N Z M C I Z B U Y N L
Y F L S D R I T A E G S H S B
T O U O U Y C I R M B R B M X
T G Y T H C Y O E D T Y U L J
C G X L Q T J N V V P D A R K
K Y V Z O S O Q D G D U T T Q
V Y B A S Q E P Q Y Y P K C C
```

CONSTRUCTION	DARK	FOGGY
ICY	INCLINE	MUDDY
POTHOLES	RAINING	SNOWING
SUNSHINE	TRAFFIC	WINDY

Robert Frost Stone House

```
B Q A B D S R H D I A K Q D A
Q G N E N L E T U E X U W I Y
F N K N D A I E E N F D O Z Q
A I P N M I Y R R O Y M H Q Y
R N O I W N V I S T P Z A X M
M E Z N M O V H Y S E T Y H C
I V C G M L W S R A Z L U R O
N E W T I O C P U R U X P V T
G Y N O L C N M B Y E G A P T
Q W Z N E H I A S A I B D O A
V O L Y S C S H T W U L M K G
J N W O T T K W F P O E Z I E
U S T F O U F E A A J A O L T
H R Z B G D X N H J V D Z P N
E H U O O M J B S R A T H I K
```

APPLE TREES	BENNINGTON	COTTAGE
DUTCH COLONIAL	FARMING	MILES TO GO
NEW HAMPSHIRE	POET	SHAFTSBURY
SNOWY EVENING	STONE	TIMBER

Mount Equinox

```
H  I  K  I  N  G  I  J  H  T  F  K  K  I  E
L  H  Y  D  R  O  E  L  E  C  T  R  I  C  Y
N  W  O  T  R  A  E  B  U  U  C  R  M  T  O
B  V  D  I  M  Z  K  L  O  A  E  B  W  N  E
R  D  A  Q  U  I  F  E  R  L  Y  X  L  O  G
Q  M  A  R  H  C  D  T  G  A  A  O  S  M  D
O  E  X  V  F  Z  H  Y  P  O  O  E  K  R  I
S  I  R  Y  I  U  G  A  G  K  T  U  Y  E  R
X  H  I  R  S  D  U  G  O  X  A  T  L  V  T
J  R  I  I  Q  T  S  U  I  A  C  S  I  W  R
A  U  A  U  U  M  T  O  X  C  O  M  N  N  A
M  N  H  M  W  R  X  S  N  E  N  J  E  M  P
S  O  N  F  O  T  H  P  B  S  I  V  Q  M  R
N  A  B  C  L  A  P  Z  Q  Z  C  U  S  T  R
L  Y  K  A  X  W  F  T  F  B  N  W  F  L  E
```

AQUIFER	AUTUMNAL	BEARTOWN
CARTHUSIANS	DAVIDSONS	HIKING
HYDROELECTRIC	LOOKOUT ROCK	PARTRIDGE
SKYLINE	TACONIC	VERMONT

Hildene

```
G  S  O  B  B  E  C  K  W  I  T  H  P  J  L
F  N  M  A  M  Q  D  S  H  J  O  N  L  E  Q
D  P  A  T  A  H  A  T  M  P  N  O  Q  D  D
H  S  N  T  E  X  I  E  X  Z  L  I  Y  L  Z
R  E  O  E  B  W  R  W  I  R  O  T  J  M  U
G  I  I  N  N  B  Y  A  U  F  C  A  W  G  P
E  N  T  K  U  S  F  R  H  S  N  V  O  M  N
O  O  A  I  S  Z  A  D  M  U  I  R  L  N  T
R  E  V  L  C  E  R  S  N  M  L  E  H  A  T
G  P  R  L  V  Y  M  H  O  M  T  S  B  M  A
I  T  E  J  S  M  W  I  K  E  R  N  V  L  Z
A  X  S  Z  K  H  W  P  P  R  E  O  D  L  D
N  H  E  R  F  U  G  C  T  I  B  C  R  U  L
Q  D  R  D  I  V  B  R  G  B  O  M  X  P  T
Z  Q  P  N  Z  R  P  P  L  V  R  W  M  V  W
```

BATTENKILL	BECKWITH	CONSERVATION
DAIRY FARM	GEORGIAN	PEONIES
PRESERVATION	PULLMAN	ROBERT LINCOLN
STEWARDSHIP	SUMMER	SUNBEAM

Car Complaints

```
Y K M Q D E X M D D Q B T B T
H Y C I S U M D A B C T D O J
R O L R T X P O W A V E H L K
H F H M V G C P M S P O M C S
O S S Z Z T P T R M O C F V V
S X F F U T P C A T B X B W E
M G N I D N E R E V E N O L G
O O W N X H C E U L H A R B A
R A E M S G U B F U W G E M R
D I V L C S G A N Y L K D Y D
T O O C O L D G P Y K N N F A
B X R T D V R T S A A N P K O
J S B H Q Y N A U V F J I U R
D N O B A T H R O O M U U T N
Y P R N O B L I N K E R X X S
```

BAD MUSIC	BORED	BUG SMEAR
CRAMPED	HUNGRY	NEVER-ENDING
NO BATHROOM	NO BLINKER	ROAD RAGE
STINKY FEET	TOO COLD	TOO HOT

Shelburne Museum

```
Q  D  I  E  H  K  V  E  M  Y  A  T  B  M  F
S  R  X  L  T  H  H  G  T  W  M  O  N  E  T
S  O  V  S  L  A  O  M  I  R  A  K  N  Q  X
D  U  K  L  Y  A  O  O  B  H  A  B  S  B  M
V  U  C  Q  D  O  G  B  H  A  G  K  T  M  Q
R  S  L  R  M  I  C  A  M  J  H  O  L  V  R
S  N  A  E  I  F  F  E  Z  A  I  D  I  O  H
Q  E  I  M  X  C  R  I  D  Z  E  T  U  E  F
H  G  G  L  E  X  M  P  R  K  I  T  Q  Y  R
C  Y  W  A  E  R  P  Q  P  E  C  P  S  V  M
J  G  P  P  I  V  I  Q  J  D  A  U  C  Y  C
B  B  E  W  A  R  T  C  E  L  E  R  D  I  P
Z  P  T  A  X  S  R  K  A  V  D  A  M  H  C
W  Y  E  T  H  M  M  A  D  N  K  P  Z  S  F
Q  L  J  C  E  N  V  C  C  Q  A  Y  J  Y  F
```

AMERICANA	CARRIAGES	CIRCUS
DUCK DECOYS	ELECTRA WEBB	FIREARMS
FOLK ART	MONET	PIZZAGALLI
QUILTS	STEAMBOAT	WYETH

Ben & Jerry's
Ice Cream Factory

```
O C K D V P A M V M C T M T S
N F Q H M O H U N O B B S U A
H J S C A S C I N D P S U C G
A B B T H W I M S I C Z L H W
Y M L R L E I V N H L D R K J
R O E N A T R P I F F E V F L
U O A R B G N R B T T O V F J
B R C N I D R X Y S C F O E E
R O H K W C O A N G M A S D R
E V H Q W O O O V P A O H A Y
T A Q I N U M N G E U R R E V
A L A M N R J K E F Y C C E W
W F F R E E C O N E D A Y I S
S R W V M C O J Q U A V R H A
V Y M K O W E P G W E Y C D P
```

ACTIVISM	AMERICONE	CHERRY GARCIA
FLAVOROOM	FREE CONE DAY	GRAVEYARD
LAB	PHISH FOOD	S'MORES
UNILEVER	VERMONSTER	WATERBURY

Dog Chapel

```
A A D S E Y J N J Z L J K J Q
D N O T C Z P F V S D W M X T
N O G A N G N I L A E H I O K
S I M I A N P W N V I H D C S
M T O N R Y M P D I W N E S E
L A U E B A H M G A O N S T I
J R N D M J J S O I U A A J T
F B T G E Q F F T H L S M O R
C E A L M R Q C N L K Z G H A
D L I A E T E E C Q D W O N P
R E N S R L H R M N G V D S G
O C R S F P E S C B J N O B O
Z M S E E T B M U G H N U D
S T R T D K W Q G F R X P R X
T M S S D E E R B L L A M Y Z
```

ALL BREEDS	ALL CREEDS	CELEBRATION
DOG MOUNTAIN	DOG PARTIES	HEALING
NO DOGMAS	REFLECTION	REMEMBRANCE
STAINED GLASS	STEPHEN HUNECK	ST. JOHNSBURY

Road Trip Riddles

Correctly answer the following riddles.

1. You are steering a bus from California. When you start, 5 people get on. When the bus hits Nevada, 3 people get off and 7 people get on. When the bus hits New Mexico, 2 people get off and no one gets on. The bus reaches Texas, and 3 people get off and 9 people get on. The bus hits Missouri and 5 people get off, 7 people get on. When it reaches Ohio 5 people get off and 11 people get on. The bus hits Kentucky, 6 people get on and 9 people get off. When the bus hits South Carolina, 3 people get off and 18 people get on. When the bus makes its last stop in Florida, everyone gets off. Who was driving the bus?

Answer: _____

2. Four men were on a road trip and drove their car into a lake. All four men sank to the bottom of the lake, yet not a single man got wet! Why?

Answer: _____

3. If a wheel has 64 spokes, how many spaces are there between the spokes?

Answer: _____

4. A large truck is crossing a bridge 1 mile long. The bridge can only hold 14,000 lbs, which is the exact weight of the truck. The truck makes it halfway across the bridge and stops. A bird lands on the truck. Does the bridge collapse?

Answer: _____

5. What has roots that nobody sees, is taller than trees? Up, up it goes. And yet never grows?

Answer: _____

Welcome to New Hampshire

Across

3 Manchester home to Picasso, Matisse, and Monet paintings among other artworks.

6 In presidential elections, NH holds first in U.S.

9 Cannon Mountain "Great Stone Face," which collapsed in 2003, went by this nickname.

10 An outdoor 17th- to 19th-Century history museum in Portsmouth, NH.

11 Tallest peak in the northeastern U.S., called Agiocochook by Abenaki and other Algonquian tribes.

12 Largest city in northern NE, located in southern NH.

14 Busiest seashore community in NH and popular summer destination.

15 Since 1790, America's oldest continuously running general store.

Down

1 The official state rock and New Hampshire's nickname.

2 First location in nation to cast votes for president of U.S.

4 Established in 1769 in Hanover, NH, an Ivy League school.

5 Located in the south central part of the state, NH capital.

7 An 800-foot chasm with 90 foot granite walls on Mt. Liberty.

8 Southern NH region of performing arts, science centers, and living history.

13 Only museum in U.S. devoted to the _____ motorcycle, in Meredith, NH.

Franconia Notch State Park

```
R  T  F  Q  E  E  I  Y  P  Z  C  D  L  P  I
O  Y  R  A  C  K  W  D  A  E  N  R  I  A  N
L  M  E  U  A  A  I  R  R  G  O  I  A  X  I
R  D  J  L  F  L  L  X  P  R  N  K  R  L  M
A  N  I  V  E  O  O  K  E  O  N  O  T  L  N
P  A  E  O  N  H  N  S  J  G  A  R  T  A  M
S  M  D  M  O  C  E  O  H  E  C  M  R  F  O
Y  D  O  S  T  E  S  U  N  M  Y  S  A  R  K
L  L  I  M  S  T  O  N  N  U  Q  K  M  E  J
L  O  C  Q  O  V  M  R  I  L  Y  N  W  T  F
O  A  W  L  R  N  E  W  J  F  L  I  A  A  D
P  B  L  K  M  E  L  X  A  L  Y  X  Y  W  T
S  S  A  P  N  I  A  T  N  U  O  M  W  L  H
U  C  T  W  V  G  K  A  H  C  G  I  I  G  E
U  N  I  S  A  B  E  H  T  V  M  U  P  M  N
```

CANNON	ECHO LAKE	FLUME GORGE
LONESOME LAKE	MOUNTAIN PASS	OLD MAN
POLLY'S PARLOR	STONE FACE	THE BASIN
TRAIL	TRAMWAY	WATERFALL

Hotel Chains

```
O W W Y N D H A M L L T U Q H
P J I D S C H N R D S D A D D
M M O T E L S I X H U D V P Z
A L S L G H I N P N P J K H O
B I D H B M R C G R E N Z L F
F J S Y E A A K V V R N E W J
L O W L D R M S L E E I J N D
Y E O P R R A C V A I Y H D L
N W E J J I D T X V G A I I X
Z N E D S O A E O V H D L Z B
X W E S D T V W X N T I T K Z
L Y R I T T J J M B A L O M R
B L Q N O I R A L C J O N X Z
E B A R X O N Y P C M H R G B
Q T T A Y H R A D I S S O N P
```

CLARION	HILTON	HOLIDAY INN
HYATT	MARRIOTT	MOTEL SIX
RADISSON	RAMADA	SHERATON
SUPER EIGHT	WESTIN	WYNDHAM

White Mountain National Forest

```
G S Y Y M R E D B A R O N I U
R R L T U R E V I R O C A S F
N F E L B E M A I N E C K S N
E G R E A T C A R B U N C L E
W A L B L F R E V I R T S O L
H B Q R A E A I Z S N X T U D
A B U I N T Y S G X T E B T L
M P A C Q N I P U G S Z I T U
P L B K I O S H O H Q X J G R
S J E S I T R P W N T W B Z D
H A N T A W E O F Z D E U N Q
I G A O D Z T G P G H S R B T
R D K R F N O S I V D G W A W
E G I E S U G A M A C N A K I
J J P E M I G E W A S S E T W
```

ABENAKI	ARETHUSA FALLS	BRICK STORE
GREAT CARBUNCLE	GREELEY PONDS	KANCAMAGUS
LOST RIVER	MAINE	NEW HAMPSHIRE
PEMIGEWASSET	RED BARON	SACO RIVER

Canterbury Shaker Village

```
E C M G E E Z G C X P A C J R
T S E O N B S C N E V G J C S
G N U P T I O U U G J F Q B P
T N N O U H K X O X K E K J I
G U I H H K E R M H M Z C A N
B H R D Z L F R O A P L H Q N
I S O N I A O O A W K M B G I
S W A Q I A R O N N D I U M N
H B H S A N R Q H V N O N P G
O D R C G G G B P C M L O G Z
P V Q O M Y M M C F S P E W I
R E S U O H G N I T E E M E H
I D I C B M L Z A L A I P Y Q
C L S J W B S J E E L S J O F
D K B Y W L Y R A M R I F N I
```

BISHOPRIC	BOX MAKING	BRAIDING
BROOMS	INFIRMARY	MEETINGHOUSE
MOTHER ANN LEE	PUMP HOUSE	SCHOOLHOUSE
SPINNING	TURNING MILL	WOODWORKING

Things in the
Glove Compartment

```
K T K B A T T E R I E S K Z P
N I Z C A R M A N U A L V C R
Y S A H K M N A R N E R I C E
L S V R K S G S P S O E L R S
L U A V D H O H R Q W G I T S
V E Q E Y V X E R P M I C L U
Q S C Y G Y T B B E F S N C R
W P G N S R Q X N N W T E H E
N H I R A B N I E T O R P A G
K Y I U C R C M B O C A N R A
B N Q E D I U E N Q U T E G U
Z F P A D J G S K T Q I T E G
O K C E R D Z P N G C O I R E
C Q M C K Q X S R I K N H T C
X T R E Z I T I N A S K F E G
```

BATTERIES	CAR MANUAL	CHARGER
INSURANCE	MEDICINE	PENCIL
PRESSURE GAUGE	PROTEIN BAR	QUARTERS
REGISTRATION	SANITIZER	TISSUES

New England Casinos

Match the gaming site with its location in New England.

1. ____ Mohegan Sun Casino

A. LINCOLN, RI

2. ____ Plainridge Park Casino

B. BANGOR, ME

3. ____ Lakes Region Casino

C. MASHANTUCKET, CT

4. ____ Foxwoods Casino

D. BELMONT, NH

5. ____ Twin River Casino

E. PLAINVILLE, MA

6. ____ Encore Casino

F. KEENE, NH

7. ____ Hollywood Casino

G. UNCASVILLE, CT

8. ____ MGM Casino

H. EVERETT, MA

9. ____ The River Casino

I. SPRINGFIELD, MA

10. ____ Poker Room

J. NASHUA, NH

American Classic Arcade Museum

```
T  R  A  S  S  E  M  A  G  E  D  A  C  R  A
R  S  R  S  O  R  B  O  I  R  A  M  Q  P  O
B  A  D  A  C  S  V  P  A  C  M  A  N  C  K
K  Z  O  E  L  X  A  W  I  F  V  D  T  Y  Z
P  X  C  F  T  P  M  Z  M  E  B  G  O  K  Q
S  J  P  T  Q  A  H  V  D  T  I  U  P  J  I
Q  N  V  Q  A  Z  R  B  A  R  B  Y  S  Z  W
Y  H  H  I  S  H  H  E  A  Z  K  Z  N  P  B
I  O  X  R  H  M  A  T  P  E  H  U  U  R  C
Z  F  K  D  Q  C  A  B  B  O  R  B  F  M  Z
L  L  A  B  N  I  P  J  V  L  N  F  M  R  Q
T  N  U  H  E  L  P  I  R  T  H  I  V  H  X
M  N  I  F  P  M  Z  E  Z  Z  G  Y  O  B  A
X  F  F  O  O  D  F  I  G  H  T  F  C  C  Y
B  R  E  A  K  O  U  T  S  Y  Q  B  E  R  T
```

ARCADE GAMES	ATARI	BREAKOUT
COIN-OPERATED	FOOD FIGHT	FUNSPOT
MARIO BROS.	PAC-MAN	PINBALL
Q*BERT	RALPH BAER	TRIPLE HUNT

Zeb's General Store

```
V H Y O T N Z D E A X W P R V
I Y E L J S M L Y I C S W E P
T F L H S U P W S E K I M G N
G L W G B A I A X J G E S D V
Y R O C M U A T Y U G T M A E
C E R O G S T A K Q O S M B S
U H C S B Y G T K N A K B I A
O M Q S V R Q J E R K Y L W D
Q M M J T U K W N R V W F M O
S O G J A P A V B M S X L W S
Z X N O T L I T Z B M C F X M
L I Y M L V F P H F M U Q S J
N E E E F L V J W S Y N H U M
D A H S M D X L Y P J Y P B E
H A L L A D A Y S N N Y X X Z
```

BADGER	BUTTERS	CROWLEY
HALLADAY'S	JERKY	MAPLE
MIKE'S	MOXIE	SODAS
STONEWALL	SYRUP	TILTON

Car Safety Tool Kit

```
B  C  M  G  P  G  T  T  D  H  X  S  I  O  C
T  N  A  L  O  O  C  Y  P  D  N  P  M  C  Z
L  I  K  O  A  F  M  M  P  T  E  A  A  S  B
G  A  S  C  O  N  T  A  I  N  E  R  N  P  H
W  D  I  A  T  S  R  I  F  Q  J  E  K  A  R
Y  O  A  E  Z  Q  A  B  J  A  Z  B  I  R  O
U  S  U  N  S  J  P  N  C  L  L  U  Q  E  B
N  X  U  T  H  W  I  K  N  X  H  L  M  T  A
L  V  T  Q  R  E  E  B  L  H  P  B  X  I  K
W  I  P  E  R  F  L  U  I  D  X  S  F  R  D
P  O  N  R  K  S  A  A  A  C  A  R  D  E  R
L  C  L  E  V  O  H  S  W  O  N  S  E  P  G
H  D  K  Y  R  E  D  A  E  R  E  D  O  C  N
T  E  P  R  E  S  S  U  R  E  G  A  U  G  E
C  U  H  U  P  B  U  A  L  E  G  X  T  E  S
```

AAA CARD	CAR JACK	CODE READER
COOLANT	FIRST AID	GAS CONTAINER
PRESSURE GAUGE	SNOW SHOVEL	SPARE BULBS
SPARE TIRE	WIPER FLUID	WRENCH

Mount Washington

```
B  H  T  A  P  D  R  O  F  W  A  R  C  M  T
S  G  T  Y  T  N  U  O  C  S  O  O  C  P  R
I  S  P  E  V  I  D  N  Y  H  O  A  C  R  D
K  O  N  E  D  A  N  A  B  O  W  K  C  E  L
M  K  O  O  H  C  O  C  O  I  G  A  O  S  G
Q  J  O  B  S  E  R  V  A  T  O  R  Y  I  D
I  U  G  U  C  E  B  Q  K  C  N  G  Z  D  K
B  U  M  P  E  R  S  T  I  C  K  E  R  E  C
T  L  G  X  B  T  U  C  K  E  R  M  A  N  S
V  M  G  C  O  G  R  A  I  L  W  A  Y  T  Q
L  V  S  S  T  N  E  G  R  A  S  S  Y  I  E
Y  U  P  Q  N  X  E  G  G  L  W  V  Z  A  R
S  V  A  V  T  Y  Y  L  M  J  Y  E  Q  L  Z
C  P  G  L  A  D  Y  S  B  R  O  O  K  S  Z
P  Y  M  I  S  B  A  A  U  T  O  R  O  A  D
```

AGIOCOCHOOK	AUTO ROAD	BUMPER STICKER
COG RAILWAY	COOS COUNTY	CRAWFORD PATH
GLADYS BROOKS	OBSERVATORY	PRESIDENTIAL
SARGENT'S	TUCKERMAN	WOBANADENOK

Santa's Village

```
I  Z  G  C  H  T  H  G  I  E  L  S  H  C  U
F  E  X  X  W  E  Z  B  W  V  J  U  G  I  B
R  U  G  U  B  M  U  H  S  F  N  T  I  C  R
C  P  E  I  H  U  E  E  P  A  A  I  E  T  E
Q  T  K  S  A  L  W  G  N  Z  L  N  L  Q  E
O  P  V  T  S  F  Y  D  K  J  N  K  S  H  D
A  I  G  N  K  G  Q  O  J  D  O  E  Y  I  N
V  P  T  E  H  O  J  L  L  P  N  R  A  M  I
F  V  W  M  T  L  A  S  E  N  Q  D  W  A  E
W  V  L  E  Z  E  Q  F  S  D  D  O  Y  L  R
N  N  W  S  S  L  H  L  U  U  I  O  K  A  Y
M  K  T  U  P  U  X  E  O  B  H  D  S  Y  B
Q  L  Y  M  W  Y  E  G  R  O  U  L  J  A  U
T  E  B  A  F  L  E  C  A  I  I  E  X  F  W
W  C  A  X  N  U  V  E  C  S  O  K  J  F  L
```

AMUSEMENTS	CAROUSEL	DUBOIS
ELFABET	ELF'S LODGE	HIMALAYA
HUMBUG	REINDEER	SKYWAY SLEIGH
SLEIGH	TINKERDOODLE	YULE LOG FLUME

Welcome to Maine

Across

1 Brunswick liberal arts college chartered in 1794 when Maine was part of Massachusetts.

3 Water body in south central Maine named for Indian tribe dating back 10,000 years.

4 Focus of seafood industry and a mainstay of dining in Maine.

7 Downtown was devastated by fire in 1911. Now 30 landmarks on Register of Historic Places.

8 Portland structure known for seafaring guidance.

9 Largest island off the coast of Maine and second largest on Eastern seaboard.

13 Metro region contains one-third of state popula on. Maine's largest city.

Down

1 A wilderness area in northern Maine called a 'magnificent obsession' by its benefactor.

2 Founded in 1912, this Freeport retailer specializes in clothing and outdoor equipment.

3 Maine's arboreal nickname.

5 A good geographic description of Maine's shoreline.

6 A cruise ship port and tourist destination. Home to Jackson Lab.

10 Emerging from a 1754 British colonial outpost, Maine's state capital.

11 Derived from sailing terminology, name given coastal Maine.

12 Town named for a leader of the Penobscot na on and home to University of Maine.

Rangeley Lake State Park

```
J  M  G  N  I  L  E  E  H  W  R  U  O  F  S
T  M  O  R  V  D  Y  Z  T  J  X  C  G  G  Y
A  O  V  D  T  B  J  T  U  O  R  T  Y  G  D
O  O  O  F  N  I  N  E  M  I  L  E  S  T  C
B  S  A  H  I  W  O  W  S  V  M  F  T  F  W
Y  E  Q  I  S  R  O  T  A  C  I  T  S  U  R
E  C  A  Y  V  B  I  P  G  T  U  H  F  X  E
L  O  S  T  M  N  R  E  T  S  E  W  B  R  X
E  R  A  F  D  A  I  W  F  W  Q  N  C  E  V
G  R  Z  S  V  T  S  I  Q  I  N  Y  R  M  K
N  I  Z  N  W  B  S  B  A  W  J  U  F  O  Z
A  D  T  M  D  H  D  R  O  F  X  O  E  T  X
R  O  C  N  I  L  K  N  A  R  F  V  S  E  M
C  R  J  N  G  N  C  O  Z  D  Q  M  F  P  H
R  L  G  N  O  M  L  A  S  V  I  Y  J  E  O
```

FISHING	FOUR-WHEELING	FRANKLIN CO.
MOOSE CORRIDOR	NINE MILES	OXFORD
RANGELEY BOAT	REMOTE	RUSTICATORS
SALMON	TROUT	WESTERN MTS.

Traveling Songs

Match the song to the correct artist.

1. ____ Born to Be Wild

   A. VANESSA CARLTON

2. ____ A Thousand Miles

   B. BRUCE SPRINGSTEEN

3. ____ Traveling On

   C. STEPPENWOLF

4. ____ On the Road Again

   D. PASSENGER

5. ____ Take Me Home, Country Roads

   E. WILLIE NELSON

6. ____ Traveling Alone

   F. JOHNNY CASH

7. ____ I've Been Everywhere

   G. KONGOS

8. ____ (It's a) Long Lonely Highway

   H. TOM COCHRANE

9. ____ Life Is a Highway

   I. ELVIS PRESLEY

10. ____ Born to Run

   J. JOHN DENVER

Baxter State Park

```
X Q F O R E S T R Y D Q Q Z R
E T B L A V I C R E P Y H F V
X S L D Y S C A T H E D R A L
I A P P A L A C H I A N Z W G
K I O U Q A T A S S A W I U F
X W A N I D H A T A K T O O E
B E G N A R R E L E V A R T G
Q C V G O K J Q X H D N D U J
Q J Q H P H Q R I P C P H X Z
M A T A G A M O N J K V B Y F
U W M C V T O G U E P O N D L
J T O E C A R T O N E V A E L
O A B Y W T H L W C F X V D Y
U S I U Q A T A C S I P H I D
B X Z E G D E E F I N K D D B
```

APPALACHIAN	CATHEDRAL	FORESTRY
KATAHDIN	KNIFE EDGE	LEAVE NO TRACE
MATAGAMON	PERCIVAL	PISCATAQUIS
TOGUE POND	TRAVELER RANGE	WASSATAQUOIK

Paul Bunyan Statue

```
O  T  K  P  E  T  T  I  N  G  B  A  R  N  T
T  T  I  D  H  U  Y  L  S  A  Y  M  E  Q  I
A  T  Q  P  Y  C  E  L  T  Q  Y  K  C  I  L
O  Y  N  X  E  D  T  F  D  R  O  N  Q  G  T
B  I  G  X  C  R  T  A  D  G  P  H  L  U  A
E  F  O  J  D  Z  I  P  W  O  E  O  K  O  W
L  J  K  E  A  K  W  F  B  T  K  A  P  B  H
D  N  U  O  R  O  G  Y  R  R  E  M  O  M  I
D  Y  E  F  C  R  K  I  P  H  X  K  H  K  R
A  H  A  Y  R  I  D  E  S  C  H  U  C  Y  L
P  H  K  C  A  J  R  E  B  M  U  L  K  O  R
E  G  A  L  L  I  V  R  E  E  N  O  I  P  P
P  A  F  Q  V  E  B  R  O  G  N  A  B  T  T
W  I  G  N  I  K  N  E  H  P  E  T  S  G  G
W  L  R  H  T  D  N  U  O  R  G  P  M  A  C
```

BANGOR	CAMPGROUND	FIRE PIT
HAYRIDES	LUMBERJACK	MERRY-GO-ROUND
PADDLEBOAT	PETTING BARN	PIONEER VILLAGE
POCKET WATCH	STEPHEN KING	TILT-A-WHIRL

Things to Pack

```
L  J  O  D  W  W  Y  Y  X  A  Y  J  B  O  E
L  H  C  I  K  P  X  R  K  Y  Y  S  A  B  C
D  E  H  A  Q  R  I  F  F  P  N  D  Y  A  D
W  A  A  T  Z  D  X  S  Q  C  M  R  T  C  T
W  D  R  S  V  B  A  U  R  J  Q  O  A  K  B
A  P  G  R  K  F  E  N  E  R  V  W  F  P  Q
S  H  E  I  B  N  G  G  T  X  R  S  V  A  A
N  O  R  F  L  S  G  L  A  M  K  S  Y  C  X
A  N  S  H  A  M  S  A  W  S  W  O  I  K  Z
C  E  M  D  N  K  K  S  M  S  H  R  Y  O  Q
K  S  J  B  K  J  H  S  L  Y  M  C  N  O  M
S  C  A  M  E  R  A  E  D  P  K  J  S  B  O
U  H  J  S  T  O  E  S  J  Y  F  U  X  H  A
N  V  F  E  N  O  H  P  I  Q  X  M  Q  I  N
Z  P  D  M  V  I  U  T  A  O  A  L  O  O  T
```

BACKPACK	BLANKET	BOOK
CAMERA	CHARGERS	CROSSWORDS
FIRST AID	HEADPHONES	PHONE
SNACKS	SUNGLASSES	WATER

New England Tasting Tour

Mark the correct answer for these questions about New England cuisine.

1. The classic New England seafood sandwich originating from Connecticut is

- ☐ A. Fried Cod Biscuit
- ☐ B. Shrimp Po'Boy
- ☐ C. Lobster Roll
- ☐ D. Tuna Burger
- ☐ E. Clam Cake

2. A New England kid's sandwich dating back to WWI is called a

- ☐ A. Fluffernutter
- ☐ B. Caranutter
- ☐ C. Maplenutty
- ☐ D. Jellymallow
- ☐ E. Chuddernut

3. A New Haven institution known for its charred crust is

- ☐ A. Pizzola
- ☐ B. Apizza
- ☐ C. Pizzaconn
- ☐ D. Pizza-ria
- ☐ E. Unapizza

4. A popular ice cream flavor, courtesy of Vermont, is

- ☐ A. Strawberry Gordy
- ☐ B. Choc-a-Khan
- ☐ C. Van-illa Halen
- ☐ D. Pecan I Can
- ☐ E. Cherry Garcia

5. A signature soup of New England dating back to the 18th century is

- ☐ A. Boston Bean Soup
- ☐ B. Clam Chowder
- ☐ C. Lobster Bisque
- ☐ D. Chicken Noodle
- ☐ E. Corn Chowder

6. Popular since the 19th century, a New England dinner favorite is

- ☐ A. Cape Cod
- ☐ B. Lobster Thermidor
- ☐ C. Rhode Island Red Hen
- ☐ D. Yankee Pot Roast
- ☐ E. Vermont Maple Ham

7. The modern fried breakfast cake credited to Rhode Island is

- ☐ A. Potato Pancake
- ☐ B. Suncake
- ☐ C. Johnnycake
- ☐ D. Hoecake
- ☐ E. Flatcake

8. A classic cheese of New England when it does not contain annatto is

- ☐ A. Mass Swiss
- ☐ B. Hampshire Pimento
- ☐ C. Maine Smoked Gouda
- ☐ D. Vermont Cheddar
- ☐ E. Newport Blue Cheese

9. A popular Connecticut sandwich on a great loaf is

- ☐ A. Juicy Lucy
- ☐ B. Grinder
- ☐ C. Hot Brown
- ☐ D. Monte Cristo
- ☐ E. Primanti

10. A large variety of shellfish native to Rhode Island is a

- ☐ A. Quahog
- ☐ B. Mapleleaf Mussel
- ☐ C. Misty Point Oyster
- ☐ D. Coonstripe Shrimp
- ☐ E. Sea Scallop

Acadia National Park

```
A  U  T  G  L  S  O  E  R  Z  I  S  E  K  R
R  I  I  A  L  G  O  N  Q  U  I  A  N  D  U
G  P  S  B  F  Y  I  L  D  L  J  R  I  R  H
P  B  B  L  A  M  H  F  P  R  M  K  R  X  E
R  O  C  K  E  F  E  L  L  E  R  T  G  D  R
R  N  C  E  S  A  A  B  B  R  R  J  E  A  S
L  W  H  W  G  J  U  M  Q  C  O  M  R  O  C
Z  A  D  R  M  J  J  H  L  E  D  F  E  R  H
X  B  E  J  T  O  Z  T  A  Z  O  Z  P  P  O
L  A  S  O  M  E  S  S  O  U  N  D  C  O  O
U  N  C  A  D  I  L  L  A  C  T  X  S  O  D
A  A  C  D  E  A  G  L  E  L  A  K  E  L  I
R  K  A  G  O  F  H  G  W  Y  M  L  M  O  C
X  I  U  Z  S  K  H  J  G  U  O  R  E  Z  B
O  D  N  O  P  N  A  D  R  O  J  U  J  W  A
```

ALGONQUIAN	CADILLAC	DORR
EAGLE LAKE	ISLE AU HAUT	JORDAN POND
LOOP ROAD	PEREGRINE	ROCKEFELLER
SCHOODIC	SOMES SOUND	WABANAKI

Coastal Maine Botanical Garden

```
G  F  A  E  G  N  A  R  D  Y  H  O  Q  U  E
A  F  E  L  R  T  S  W  W  X  G  F  N  X  N
O  K  J  O  W  I  R  E  D  S  A  X  M  B  E
P  Z  E  C  O  L  O  G  Y  Q  P  Q  W  L  L
N  O  R  D  N  E  D  O  D  O  H  R  O  U  P
N  C  K  K  K  R  W  B  U  N  T  N  K  M  C
S  H  N  P  Y  L  F  R  E  T  T  U  B  W  G
N  J  K  Q  P  P  N  R  O  S  E  S  O  B  F
A  E  L  A  Z  A  O  Z  S  V  Q  A  O  J  Z
Q  S  C  H  T  A  A  R  E  X  V  I  T  V  A
L  J  Y  I  I  R  T  Q  L  B  C  L  H  U  W
H  K  V  M  U  I  R  A  B  R  E  H  B  V  W
S  E  E  L  L  A  H  C  R  I  B  A  A  K  D
S  E  F  F  Z  W  U  G  K  J  W  D  Y  A  Q
L  V  R  X  J  Z  Z  J  X  H  O  S  T  A  I
```

AZALEA	BIRCHAL LEE	BOOTHBAY
BUTTERFLY	DAHLIA	ECOLOGY
HERBARIUM	HOSTA	HYDRANGEA
NATIVE	RHODODENDRON	ROSES

New England Cultural Festivals

Mark the correct answer for each question about regional cultural festivals.

1. One of the premier summertime events held each July in the southern part of Connecticut is Sailfest. A cruise on board a tall ship, called a ____, whaler, is included.

- ☐ A. Harbor
- ☐ B. Maine
- ☐ C. Professional
- ☐ D. Mystic
- ☐ E. Boston

2. For nearly 60 years the Windjammer Days have been held in this port of call in ____ and includes the "Gathering of the Fleet" and the "Lighted Boat Parade."

- ☐ A. Portland, ME
- ☐ B. Yarmouth, ME
- ☐ C. Boothbay Harbor, ME
- ☐ D. Camden, ME
- ☐ E. Bar Harbor, ME

3. For over ____ years the Feast of the Blessed Sacrament has been held in New Bedford. Known as the world's largest Portuguese feast, it is the largest ethnic festival in New England.

- ☐ A. 100
- ☐ B. 10
- ☐ C. 50
- ☐ D. 25
- ☐ E. 200

4. The Festival of Fools features a weekend of the best international street performers in ____. Over 100 performances draw upwards of 100,000 visitors each year.

- ☐ A. Rutland, VT
- ☐ B. Burlington, VT
- ☐ C. Montpelier, VT
- ☐ D. Shelburne, VT
- ☐ E. Barre, VT

5. The Grecian Festival has been held for more than 90 years in ____. There is an indoor-outdoor marketplace which offers a wide selection of Greek foods.

- ☐ A. Providence, RI
- ☐ B. Woonsocket, RI
- ☐ C. Cranston, RI
- ☐ D. Pawtucket, RI
- ☐ E. Warwick, RI

6. The New Hampshire ____ Show in Manchester has come to be the best of its kind in New England. For over 60 years, dealers offer their best during this three-day event.

- ☐ A. Jewelry
- ☐ B. Flower
- ☐ C. Craft
- ☐ D. Auto
- ☐ E. Antiques

7. The Maine Lobster Festival began in ____ and has become a five-day tradition over the first weekend of August. This has been called the best seafood festival in New England.

- ☐ A. 1905
- ☐ B. 1947
- ☐ C. 1896
- ☐ D. 1978
- ☐ E. 2005

8. For 40 years the annual ____ Festival has taken place in Norwell, Massachusetts, in September. There are craft demonstrations, hay and pony rides, and plenty of foods.

- ☐ A. Tomato
- ☐ B. Pear
- ☐ C. Apple
- ☐ D. Pumpkin
- ☐ E. Corn

CB Radio Phrases

```
Y  I  J  R  T  Q  D  R  O  G  E  R  S  R  K
L  E  V  E  L  K  N  I  E  V  E  L  C  G  D
X  A  K  C  A  M  E  R  A  F  U  H  S  J  B
P  F  M  N  Z  I  V  X  U  U  I  C  D  A  A
A  F  B  N  O  T  K  T  E  C  P  D  H  D  C
R  I  O  A  B  D  R  E  K  P  G  J  O  Y  K
T  R  I  I  B  P  Y  E  V  O  Q  X  J  P  D
R  M  X  D  H  W  N  E  N  Q  B  O  J  O  O
A  A  Y  E  M  C  X  Y  H  N  D  I  N  C  O
E  T  Y  M  O  X  M  N  D  O  F  E  E  Z  R
B  I  L  O  P  H  U  W  R  A  E  B  V  K  A
L  V  P  C  J  Z  O  R  C  Q  S  Z  V  S  U
V  E  U  O  D  H  R  O  T  A  G  I  L  L  A
O  X  Z  U  F  P  Y  F  L  R  L  D  I  I  E
T  H  K  T  D  B  W  I  Z  P  G  E  I  N  K
```

AFFIRMATIVE	ALLIGATOR	BACKDOOR
BEAR	BEAR TRAP	CAMERA
CHICKEN COOP	COMEDIAN	COPY
DONKEY	EVEL KNIEVEL	ROGER

Freeport, Maine

```
U  L  L  B  E  A  N  O  K  T  W  H  B  H  C
K  C  E  N  S  E  F  L  O  W  A  A  B  Q  B
J  W  Y  T  E  K  E  E  S  A  R  R  A  H  N
V  K  T  Y  R  U  B  D  A  R  B  J  J  O  O
U  L  J  O  R  R  G  U  B  A  W  D  G  I  S
T  G  G  D  O  U  C  C  C  Q  E  N  H  R  L
U  Z  R  T  U  B  A  F  A  Z  I  A  N  E  E
V  S  G  Q  O  S  G  M  C  D  E  L  J  T  U
V  D  T  W  C  Q  T  I  N  P  B  R  P  S  M
A  T  E  O  Q  S  F  A  B  P  W  E  V  A  A
C  Y  B  S  Y  L  L  S  Y  R  G  B  G  E  S
J  A  F  A  E  T  O  S  S  T  N  M  B  N  Q
Y  Q  O  P  S  R  A  Z  K  R  X  U  P  W  X
R  U  P  A  O  U  T  L  E  T  S  C  T  O  M
C  E  M  Y  J  Q  W  K  S  H  M  Q  A  D  V
```

BIG BOOT	BRADBURY	CASCO BAY
CUMBERLAND	DESERT	DOWNEASTER
HARRASEEKET	L. L. BEAN	MAST LANDING
OUTLETS	SAMUELSON	WOLFE'S NECK

Portland, Maine

```
I  X  Y  P  W  N  O  M  S  I  X  G  L  M  M
N  L  G  N  P  O  H  L  K  Y  L  U  G  M  U
O  F  O  R  E  R  I  V  E  R  E  L  L  U  E
P  Q  L  J  X  C  M  M  R  T  N  O  Z  E  S
Z  H  O  L  L  W  E  R  V  M  N  B  L  S  U
S  G  O  D  A  E  S  M  A  G  Y  S  B  U  M
K  K  Z  D  M  P  M  G  F  D  T  T  R  M  S
W  V  O  R  O  V  R  E  Z  E  H  E  E  T  N
P  Y  T  Y  C  U  L  Z  E  B  E  R  W  R  E
Q  B  P  Y  S  L  R  A  C  A  M  R  P  A  R
X  E  Y  E  O  J  E  A  A  D  O  N  U  X  D
Z  U  R  W  F  Q  K  E  X  Q  O  X  B  R  L
F  J  C  Y  X  D  G  K  M  Y  S  A  S  W  I
Q  T  S  E  G  N  A  H  C  X  E  N  P  X  H
G  E  F  O  M  A  C  H  I  G  O  N  N  E  C
```

ART MUSEUM	BREWPUBS	CHILDREN'S MUSEUM
CRYPTOZOOLOGY	EXCHANGE ST.	FORE RIVER
LENNY THE MOOSE	LOBSTER	LONGFELLOW
MACHIGONNE	RESURGAM	SEA DOGS

New England Beaches

Fill in the boxes with the correct letters to complete the words.
Use each letter only once in each column and each row.

SURF BEACH, Block Island, RI

		U
S		
	F	
	R	

NAUSET BEACH, Orleans, MA

N				T
		A	S	
		A		
	S	E		
				N
	U		T	

MAYFLOWER BEACH, Dennis, MA

			M	O	
	F				E
	L		R		
		O			A
A					
	W		L		F
			E		
R				E	
	M		W		Y

LONG SANDS BEACH, York, ME

		L
	O	
N		
		G

Things to Spy Along the Way

O	L	I	S	E	T	N	Z	J	L	L	X	G	H	Y
B	P	E	S	R	O	H	E	Y	N	D	B	U	V	X
O	L	A	F	R	L	L	I	M	D	N	I	W	U	K
H	V	N	J	L	K	G	T	R	U	C	K	C	T	W
T	S	V	H	J	I	K	K	X	X	R	E	E	D	F
D	U	C	F	W	E	R	R	X	A	W	K	S	K	I
L	L	R	O	F	P	G	D	M	P	P	A	Q	Z	E
Q	N	E	D	W	Y	X	D	U	N	X	T	H	T	L
F	Q	E	N	A	L	P	R	I	A	S	U	I	I	D
Z	N	A	E	N	H	Q	P	Q	R	B	C	D	O	W
J	T	V	X	J	U	W	D	E	A	B	Y	R	K	Y
L	X	E	J	E	Y	T	I	U	P	R	B	W	G	S
K	G	B	R	Q	D	A	O	R	L	I	A	R	L	S
V	E	I	G	P	T	L	N	K	G	J	R	T	I	A
K	E	F	A	O	B	O	C	K	G	H	N	D	C	C

AIRPLANE	BARN	BRIDGE
COW	DEER	FIELD
HORSE	RAILROAD	SILO
TRUCK	TUNNEL	WINDMILL

Strawbery Banke

```
Z  N  E  D  R  A  G  H  C  I  R  D  L  A  B
B  G  X  C  D  P  A  G  B  X  L  D  W  H  V
T  N  B  Q  H  U  U  X  O  U  P  N  X  E  E
H  I  W  M  P  D  Q  F  O  O  N  I  T  N  N
G  R  S  U  O  D  A  B  P  V  D  A  H  R  P
I  E  E  W  R  L  T  E  H  P  K  W  E  I  G
R  P  T  T  T  E  A  N  E  S  O  V  I  J  Q
W  O  J  S  S  D  C  N  E  Z  A  J  J  N  F
L  O  B  V  M  O  S  C  D  T  K  S  N  Q  G
E  C  N  C  O  C  I  A  T  S  C  V  C  A  E
E  O  P  I  U  K  P  T  F  A  Y  Y  S  I  A
H  Y  R  O  T  S  I  H  G  N  I  V  I  L  S
W  V  X  Y  H  P  R  K  O  U  I  F  B  D  D
E  S  U  O  H  D  W  O  L  R  V  P  S  M  C
L  I  V  O  K  F  E  L  A  E  N  P  O  V  T
```

ALDRICH GARDEN	COOPERING	GOODWIN
ICE SKATE	LIVING HISTORY	LOWD HOUSE
NEALE	PISCATAQUA	PITT TAVERN
PORTSMOUTH	PUDDLE DOCK	WHEELWRIGHT

Fort Constitution

```
S  M  O  O  R  E  R  O  T  S  X  S  Z  V  H
I  E  B  Q  N  X  O  A  Q  P  J  I  Q  R  I
Y  H  A  R  B  O  R  L  I  G  H  T  L  G  H
H  L  K  G  O  G  L  S  K  C  A  R  R  A  B
J  D  L  H  J  U  N  E  T  I  N  A  R  G  B
F  T  I  R  D  K  P  Y  J  I  C  C  U  B  A
N  O  T  L  A  W  H  C  A  R  D  A  H  S  T
W  Q  G  K  O  R  I  O  T  Y  Q  F  M  N  T
R  G  G  P  T  H  Z  U  B  Q  M  Z  G  Y  E
K  X  X  P  P  I  S  C  A  T  A  Q  U  A  R
D  U  B  K  P  O  R  T  S  M  O  U  T  H  Y
W  A  L  B  A  C  H  T  O  W  E  R  M  K  D
D  I  Y  R  A  M  M  A  I  L  L  I  W  T  F
A  L  U  S  N  I  N  E  P  D  N  A  L  S  I
T  H  E  C  A  S  T  L  E  L  C  T  N  M  O
```

BARRACKS	BATTERY	FT. WILLIAM MARY
GRANITE	HARBOR LIGHT	ISLAND PENINSULA
PISCATAQUA	PORTSMOUTH	SHADRACH WALTON
STOREROOMS	THE CASTLE	WALBACH TOWER

Road Signs

```
D V F Y B G P T T X P R B I B
P I W F G O D D Y A K E C D K
E F J T T Y P E Z N X T L N I
N I L S O T H E V I N E T O E
A T U R W L T R T R I T D I S
T T E I E S L C G Y I I F T S
I E U D K W A R T A E M F C T
O M V O W H L O O C V I C U A
N S Y R B S G S X A Q L N R T
A T A N U A Y S R D D D R T E
L G W U Y C D I O N J E S S P
P L E E Q N K N Z C C E M N A
A P N C H O C G U E W P U O R
R I O L B X E L R O J S M C K
K T S R J W S O Y H R P G I H
```

CONSTRUCTION	CURVE	DEER CROSSING
EXIT	NATIONAL PARK	ONE WAY
ROUNDABOUT	SPEED LIMIT	STATE PARK
STOP	TOLL ROAD	YIELD

Hammond Castle

```
O T C N F H A E E P U K D J W
G C B H L F G Y Q U N M S E B
J U Q S M G U K Q N G R K L T
Q X I E A Y Q L F N R R Y Y E
Z J A V Z N H X B N A G R O Q
R T R A R C T A B B H L U G P
E T C W E M O I M W K H A R M
X Z H O S P E U Q M N C G A G
Y Q W I C F O D R U O T D G C
B Z A D X U E R I T I N V B J
J U Y A Y U E K U E Y T D J X
T P S R X Q E G V E V A I K B
G L O U C E S T E R D A R E M
G J H J K Q M R B O F L L D S
E K V C I M I N V E N T O R B
```

ANTIQUITIES	ARCHWAYS	BLUFF
COURTYARD	GARGOYLE	GLOUCESTER
HAMMOND	INVENTOR	MEDIEVAL
OLD EUROPE	ORGAN	RADIO WAVES

New England Lighthouses

Match the lighthouse to its location.

1. ____ Pemaquid Point Light

2. ____ Morgan Point Light

3. ____ Sankaty Head Light

4. ____ Sheffield Island Light

5. ____ Southeast Light

6. ____ Portland Head Light

7. ____ Seguin Island Light

8. ____ Beavertail Light

9. ____ West Quoddy Light

10. ____ Race Point Light

11. ____ Point Judith Light

12. ____ New London Ledge Light

A. SIASCONSET, MA

B. CAPE ELIZABETH, ME

C. NARRAGANSETT, RI

D. JAMESTOWN, RI

E. BRISTOL, ME

F. PHIPPSBURG, ME

G. GROTON, CT

H. NEW SHOREHAM, RI

I. PROVINCETOWN, MA

J. NOANK, CT

K. LUBEC, ME

L. NORWALK, CT

Salem, Massachusetts

```
Q D P U R I T A N C O L O N Y
S I W U H P B G M J W P C Z C
S Q L G S J A A E V P E G V W
E Z B X B E S C N S G A H Z I
L A M K K P H O R H E B X N N
B Y Z M U K L S O D D O B X T
A E U E H O D E H A N D Z P H
G A I L D G O A T L E Y J P R
N I H H I A E F A Y Y E B I O
E J D H U M L A H Q V S G H P
V W I T C H T R I A L S B S L
E T N W E R N I F X M E E L R
S U B E O K N N Q M K X D L M
K X D M W A G G P I C K M A N
W H O C U S P O C U S B X T F
```

GEDNEY	HATHORNE	HOCUS POCUS
NAUMKEAG	PEABODY ESSEX	PICKMAN
PURITAN COLONY	SEAFARING	SEVEN GABLES
TALL SHIP	WINTHROP	WITCH TRIALS

Tires for the Road

```
B  B  L  Y  Q  D  N  F  G  R  R  F  R  Y  Y
Y  W  L  A  W  M  Z  A  F  W  A  J  O  K  O
E  U  P  N  T  V  R  A  F  S  E  H  T  B  K
Z  H  M  K  K  N  L  M  J  C  Y  M  I  B  O
W  Q  R  U  X  K  E  W  K  O  D  G  L  X  H
M  I  C  H  E  L  I  N  A  R  O  V  L  S  A
T  A  G  N  P  Y  Q  A  I  S  O  F  E  G  M
B  X  V  G  K  Z  U  X  X  T  G  V  R  N  A
K  G  Y  E  Q  T  S  S  B  Z  N  Z  I  X  J
W  B  F  G  O  O  D  R  I  C  H  O  P  Z  S
Y  F  I  Y  X  C  M  Q  T  X  T  U  C  I  U
H  L  O  H  Q  P  C  O  O  P  E  R  E  I  J
H  N  D  U  N  L  O  P  V  A  D  N  S  N  A
T  E  N  O  T  S  E  G  D  I  R  B  L  M  W
J  J  P  X  F  K  O  O  K  N  A  H  F  N  O
```

BFGOODRICH	BRIDGESTONE	CONTINENTAL
COOPER	DUNLOP	FALKEN
GOODYEAR	HANKOOK	MICHELIN
PIRELLI	TOYO	YOKOHAMA

Concord Historic Homes

```
W  H  E  E  L  E  R  K  U  L  Y  Q  R  R  V
F  R  O  B  B  I  N  S  H  O  U  S  E  L  T
Z  F  P  M  Y  J  A  K  O  U  Q  L  D  H  M
F  E  I  X  P  B  M  Q  W  A  M  R  O  P  G
J  H  M  M  K  H  K  N  A  G  A  R  O  O  N
G  S  V  E  O  O  R  H  G  H  E  B  S  K  F
H  O  G  S  R  L  A  U  C  A  L  D  Q  B  S
M  H  M  N  G  S  P  R  U  F  N  Z  E  R  N
G  E  R  A  S  E  O  M  Q  A  U  D  O  H  I
R  D  M  M  T  V  W  N  L  X  I  H  Y  N  C
F  T  I  D  R  Y  O  T  D  S  T  H  I  O  B
N  Q  I  L  D  K  I  K  Y  U  S  D  D  R  B
X  M  H  O  T  U  S  A  A  Q  A  M  B  B  V
C  F  J  S  R  F  W  Z  M  E  A  K  L  G  D
W  Z  D  F  E  L  E  L  B  N  A  O  A  D  B
```

AUTHORS	CODMAN	EMERSON
FRUITLANDS	HOSMER	OLD MANSE
ORCHARD	PARKMAN	ROBBINS HOUSE
THOREAU	WAYSIDE	WHEELER

Minute Man Park

```
N O T G N I X E L T S D B E X
Q A U X O R I I Q T R R T F O
Y L O P R E T Q O V E X W B S
U A H D T U Z W N V V Q T B T
A B Q O H T H M B V O T T G Z
R R Q V B A C R P R L Q E H B
E J D Y R T W O W C U J R A U
V G P D I S I Z N Q T J R R T
E A Y Y D J F W P C I N A T T
R H K M G W Z A V R O V B W R
E S J K E Y I Y E P N R Y E I
Q V B A J F W S D O A D D L C
J D J S Z M R I J H R X E L K
X H E C Y H I D B X Y I O A B
E C B A T T L E G R E E N W W
```

BARRETT	BATTLE GREEN	BUTTRICK
CONCORD	HARTWELL	LEXINGTON
NORTH BRIDGE	REVERE	REVOLUTIONARY
STATUE	STOW HARDY	WAYSIDE

deCordova Sculpture Park and Museum

```
B  K  I  A  P  E  N  U  J  M  A  N  U  Y  M
J  P  L  A  T  F  O  R  M  S  E  R  I  E  S
U  C  L  F  X  D  E  H  N  E  R  Z  C  I  S
B  O  G  O  P  C  U  V  A  H  H  L  T  W  M
Y  N  Q  F  O  D  O  N  A  M  K  E  B  G  F
E  T  T  T  S  H  A  L  V  V  S  L  T  Y  E
L  E  K  Q  S  I  C  I  S  P  C  A  J  S  R
M  M  I  S  L  I  E  S  E  A  A  S  L  X  U
R  P  E  U  I  M  F  C  Y  V  N  E  K  Y  T
O  O  J  K  W  E  I  N  V  R  Q  E  R  Z  P
G  R  J  Q  H  F  G  J  O  H  E  T  C  W  L
X  A  Z  R  I  Y  Z  E  R  S  M  S  U  C  U
N  R  C  C  D  X  B  W  L  A  O  U  R  R  C
W  Y  N  F  D  X  F  N  V  O  T  R  V  U  S
I  Q  Y  C  R  G  S  W  W  X  Z  T  N  U  N
```

CONTEMPORARY	DEHNER	GORMLEY
JULIAN	NAM JUNE PAIK	NURSERY SCHOOL
PLATFORM SERIES	SCULPTURE	SIEGEL
SITE SPECIFIC	SONFIST	TRUSTEES

Answer Key

Massachusetts

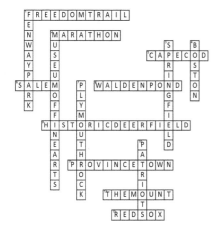

Boston History

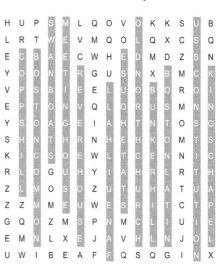

Boston Food

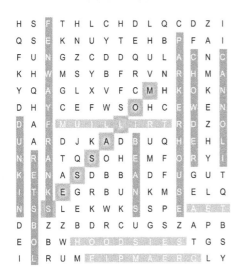

Boston Curiosities

Answer Key

Decode the Vanity Plate

1. Never Late
2. Calculate
3. Excuse Me
4. Accelerates
5. Wait for Me!
6. Endless Summer
7. Be Nice to Us
8. Creative

Boston Arts and Attractions

Boston Sports

Famous Bostonians

Answer Key

Car Brands

```
E F G Z P X K K P P M Y M A B
Q O H Z V P C O I A T B Q E Y
S R Z Q K F N A A Y Y I T Q X
S D J Z D T D N A S S I N J M
U U L H I N G D O V A T O O Z
B R R A U S Z M Z F W M Q G O
A X C Y Z A O V C A V D A S A
R O H V M A T O Y O T P F O J
U Y M N F N E G A W S K L O V
X C Z V C A D I L L A C D V P
C G Q Z B D J X Y U D H E L O
A Q B T W U H U R C M S E V J
M Z S Z V W P R G B G R L G B
G J A D N O H R G O Y O L G N
V P C O Z U K D T H V H N Y Q
```

New England College Tour

1. F
2. C
3. A
4. I
5. G
6. J
7. H
8. K
9. E
10. B
11. L
12. D

Plymouth, Massachusetts

```
Y Z L E P I L G R I M H A L L
B Q T W I N S L O W B A C O N
H S I D N A T S S E L I M C Y
W X P L I M O T H P E U B D N
V R I A H C R E T S W E R B R
J K C O R H T U O M Y L P M Z
F Q C W K O G B P P X X U A X
I C O P I E P A B O W L Y L A
R J M F D A Z P T S V V O O H
O Q J T T K S M X X U Z F J Q
D T D U V E R E W O L F Y A M
Z O X G A O N A P M A W T U Z
Q E C R N K M Y O I V X K R N
T F I T I O S A S S A M T V G
G T I S Q U A N T U M M Y E R
```

Cars Come in All Colors

```
L X U T A S G L O V N Y B T G
F Q B E T I H W G G I W S Q E
C J R T V A K P P O U B C S E
Y F Q D F G M J J W X L C U N
S Q G C K F V G R I Y A N Z D
C L Y X K N F V D N Y C B F V
M J Q U N O O R A M Z K T L L
I K X Z X N D V S S I S N H M
V J W Z C Y I X Y M S G E Y R
S U O J G B D O R A N G E Q G
X I L I M W G T B B R U Z I C
N A L A O C R A H C L G S K G
V A E V G L E V L B D T R J Q
W R Y L E P E K F B R O W N B
S J A X F R N B T A N J X P V
```

103

Answer Key

Heritage Museum and Gardens

```
Z D M T Z U N V T S R L K I C
M Y R E Q B I O L E L B H U O
R X F N I Y A B A L L S Y I I
W H T L U H T M B I I L D W L
Y X O L I C N X Y B M E R O F
L F L D A N U I R O T T A L O
S D H N O E O T I M S O N L L
E Y R Y L D F O N O A H G O K
I L Q D X A E X T T E E E H A
L L H Q I J M N H U D E A N R
I I K E Q N U T D A L B B E T
L L M W Q B L O B R O A B D D
Y I R U D O F W J M O P K D M
A L U R V N D T R D W N H I O
D E C A R O U S E L V L S H C
```

The Edward Gorey House

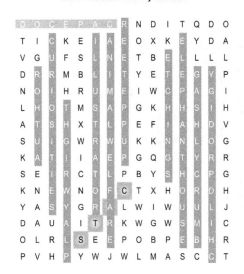

New England Islands

1. I
2. C
3. L
4. K
5. A
6. D
7. J
8. F
9. E
10. H
11. G
12. B

Radio Stations of New England

1. F
2. I
3. H
4. B
5. A
6. D
7. C
8. J
9. E
10. G

Answer Key

Cape Cod National Seashore

Cape Cod National Seashore grid (left top).

Pilgrim Monument

Nature You Might See

Lizzie Borden

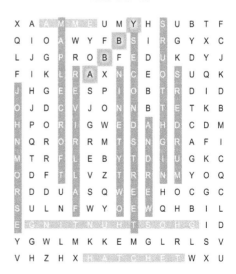

Answer Key

Rhode Island

Rhode Island School of Design

Roger Williams Park Zoo

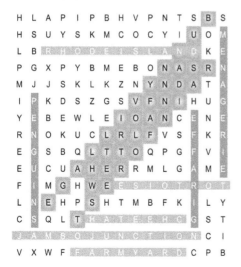

Engine Parts

Answer Key

Newport Cliff Walk and Mansions

```
X U L B F S U O H E I E R B R A M
U V I C H E P S T O W D R F L
L R G E C H A N L E R X Y U F
E O H Q O Y K H Z S M N F L B
Y S T B R E A K E R S Y I N S
C E H C A E B T S R I F R B C
G C O M P Y A Y D U H K C I E
S L U A G K Z I K E I M S S U
N I S D I Z T C O Y D G O A S
K F E H C A E B S Y E L I A B
M F S D Y G P N F Y Y B Y C S
V L J Y X C G Z L H W A X B A
H H K T R U O C L E B T I E A
O M Y L Y G L L I A R T I O L T
H X D D A S J Y T E G J D L D
```

Fort Adams

```
L R B N R W F V O K B N Z A H
C G D A B K Y S L A E O R N O
P X F V A W A V A W X M T S W
R S D A C B T P U Y S J F I
E R D L T G U O B Y M U I N T
S K D A E L R I M N T R C M Z
I D N C R T C W M I S E A D E
D R L A Y I Y J P T C J S E R
E A P D Q R Q W S R G Z E T S
N N W E E B D Y E E T E M O P
T R O M G O S I Y O L B A U J
P E N Y I T P O O D Y G T S J
I B R V E Y I E Y C B E E A R
Y T X M S Q H P G Y A H S R D
C J B R E W O H N E S I E D C
```

Pets to Take Along

```
S V S A J L Z X C J U R U R Y
H V Z P R K T Y A R J L Z M E
V M O U S E L T R U T S F E N
D O X R J P W U A O C Q G Y N
S X H A M S T E R O K J O I A
H C P B J N P L I Z A R D D U
O H T B D A V E W Q I G G R N
J I E I Z K T E Y U W Z I M R
E N R T H E J T T U F T P L T
G C R B Q L R K P Y C W A E Z
H H E C G I G O H E G D E H P
K I F V A S P G I I L J N M O
X L C B G T Z B M Z O X I V I
B L V E D E J U B G G H U G Q
M A Z X T Q M E X D S I G W I
```

Beavertail State Park

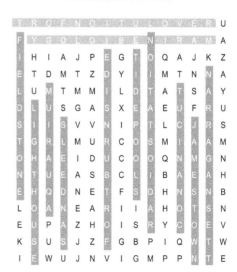

```
T R O F N O I T U L O V E R U
F Y G O L O I B E N I R A M A
J H I A J P E G T Q A J K Z
E T D M T Z D Y I M T N N A
L U M T M M I L D T A T S A Y
D L U S G A S X E A E U F R U
S I I S V V N I P T L C J R S
T G R L M U R C O S M I A A M
O H A E I D U C O O Q N M G N
N T U E A S B C L I B A E A H
E H Q D N E T F S D H N S N B
L O A N E A R I I A H O T S N
E U P A Z H O I S R Y C O E V
K S U S J Z F G B P I Q W T W
I E W U J N V I G M P P N T E
```

Answer Key

Connecticut

Road Trip Hangman

1. Automobile

2. Road Trip

3. Destination

4. Scenic View

Mystic Seaport

Traveler Restaurant

Answer Key

Old Sturbridge Village

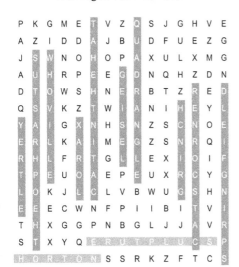

Cooler Brands

Amazing World of Dr. Seuss

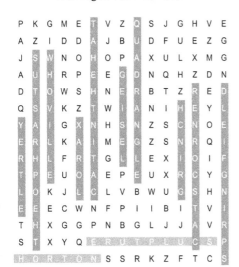

Basketball Hall of Fame

Answer Key

Mark Twain House

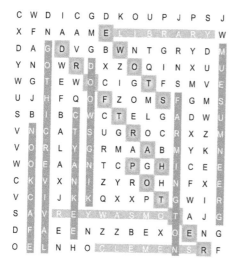

Reasons for Travel

New England Pick Your Own

1. C
2. H
3. F
4. A
5. I
6. E
7. J
8. B
9. G
10. D

Dinosaur State Park

Answer Key

Gillette Castle

```
B S E M L O H S O Y A M O K C
L Z S S P A X C E U H B J S C
L H F P D U R S N A R Z E I L
U Y X J M S B T H E W V X R S
S D M X I A P B K A E E A N E
K D H E Q O L O W N O I E N U
C O O E L Y M Y T U L R O D G
O Z T L A J T H N R R T X N M
L O Y N F T S A O A S Z C V B
K M D Y K I E A C D F A R Z B
C R H O S G D D L L U F A Z O
I L V T I N L E B R A K I W T
R E E L Q Z I F X E N T Y T N
T R S E U F K H F X D B E N M
M A D D A H T S A E S U Q M M
```

Fast Food Restaurants

```
Q R E G R U B A T A H W K Y S
D G G J U Q E D B S F M M O Y
C I N O S L F X O W D V R H B
D V I C R H A R D E E S M L R
R X K M C D O N A L D S O L A
F S R F P R S M F V S X V D O
T E E J C K Q J J J Q C G Y G
Y Y G X F W E N D Y S J G H N
K E R M T G L U R W S T T I F
F P U R A J Z F A V A Q M S R
Y O B S C O B O J A N G L E S
I P D J E H P T J G B C J J Q
V O S N M T K M P S U B W A Y
Q A W N X B X G X Y U O M I Q
F L F R L L E B O C A T E E J
```

PEZ Visitor Center

Mohawk Mountain

Answer Key

Road Trip Math Puzzlers

1. 75 minutes

2. 10 hours and 19 minutes

3. 6 pieces

4. 4 hours and 2 minutes

5. 420 miles

Jacob's Pillow

New England Music Festivals

1. E
2. C
3. B
4. A
5. D
6. E
7. A
8. B

Tanglewood

Answer Key

Historic Deerfield

```
N N F S S D S K A S P R M T O
Q E V B X T S G E Z Z K O H
H D I Y U V F R R U D B I Q C
Q R L D S Y A E I X K L N J B
N A L S F W R T C L Y O G X J
E G A C U W C N U C N O P I U
M S G H R H D E L P H D H K D
U K E A N P N C T B T Y I C O
Z O G M I A A T U C A B L U M
N O N P T M S N R G P R I T N
X C I N U U T Y A F T O P M E
O A V E R H R L L R O O S U K
D T A Y E D A F X P O K W C E
K N E S Q V N B U D F N A O G
D Y W R G F K P J A S Y R P L
```

Drinks to Pack

```
E A W W Y H E Q Z T C E K E B
O X J N P G T R Q E W B T C V
V D Y V L Y N E N A R A U T C
X C O F F E E E V E L F T E K
R L M S S O E B Z O P I A E H
E R J U I C E T C C G H N P R
I F J T X P L O O R A T F E Q
H X N M J E H O G D X S D B Y
T U R O S C J R O O I S D A Q
O G E D T K D S L Q G O M B B
O S U O O P M B M U Y I Q U V
M D H J L A S N D E M A L O C
S A L A E L A R E G N I G G I
T D X R I K T M A G T B B Z U
K B C L E M O N A D E X A T S
```

Bridge of Flowers

```
N W Z T F U C M Q S Z T Y D C
R I D R N O O K E L O R T G B
C S S O U R L U T L C T N A U
Q T N L G K R W E A B W U Q L
E E A L A J A V R F X J O X C
G R I E M W I Y C E R M C B S
D I R Y A T N A N N N A N U N
I A T I B M S W O R E H I C E
R C S X T R T L C U F N L K M
B P E M G N R I J B J R K L O
T X D S Q Z E A H L Y U N A W
O T E B M Y E R Y E S B A N D
O M P F Z L T A V H T C R D N
F X G G V I E Q X S F D F D Y
O U V X N P M U K B E W Y W X
```

Mass MoCA

```
D M U S E U M H A D U R B I K
F T I C E B R R K S Z D D L C
I L G U U G N I M R O F R E P
Q G L L K T C I V W D L N G B
A I Y P V I M L I F B O F K X
B B P T S V C I K V R N C Q P
Y L Z U B Y H V L T X Y Y A X
R F M R H M J L H J R Q I H Y
O W W E K D T A A D X N B C C
T K K G Q U D U F V T V R Y S
C P I S I A L J F I I K J L P
A U E Y M J A A N V C T J B P
F A F S N C W G S H N Z S J G
V G E N T H E A T E R V O E F
U T R Q G W D A N C E Q Y D F
```

113

Answer Key

Clark Art Institute

```
M D Q A H L R F X A A U L Z P
A P D I T T A S S A C K G G I
R S P X S O S V N N E Y O H M
G E Y X E X W I Y S A A L C A
O J D Z W V K O K A P R S W N
R U M P I R S F W F H G P A T
P E W Y N A U J F R O E I K O
E R P J G U B S R E T L H G N
S U V E M B A A W M O T S C N
I T D J A B R R G I G L W K Q
A P H H C C B G I N R B O B E
R L S J H I I E B G A H L N K
Y U F V I E Z N A T P Q L K A
N C F P N W O T V O H D E O M
O S I F E K N X W N S N F V C
```

Vermont

Road Conditions

```
G W D A I Y D N I W S R Z S M
Y T R A F F I C Z H N B W O Z
E H B K A Q M O R Z O E Y G M
E U E R N S D N A Q W N W N L
V N A M U L X S G H I I V P J
S T I O U E P T N Z N H T D Y
G W A L N X M R I U G S Y F O
S K G X C H A U N O U N G D X
R E D N Z N M C I Z B U Y N L
Y F L S D R I T A E G S H S B
T O U O U Y C I R M B R B M X
T G Y T H C Y O E D T Y U L J
C G X L Q T J N V V P D A R K
K Y V Z O S O Q D G D U T T Q
V Y B A S Q E P Q Y Y P K C C
```

Robert Frost Stone House

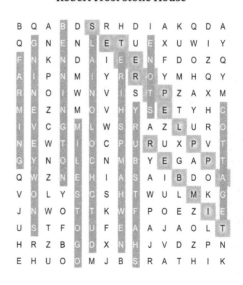

114

Answer Key

Mount Equinox

```
H I K I N G I J H T F K K I E
L H Y D R O E L E C T R I C Y
N W O T R A E B U U C R M T O
B V D I M Z K L O A E B W N E
R D A Q U I F E R L Y X L O G
Q M A R H C D T G A A O S M D
O E X V F Z H Y P O O E K R I
S I R Y I U G A G K T U Y E R
X H I R S D U G O X A T L V T
J R I I Q T S U I A C S I W R
A U A U U M T O X C O M N N A
M N H M W R X S N E N J E M P
S O N F O T H P B S I V Q M R
N A B C L A P Z Q Z C U S T R
L Y K A X W F T F B N W F L E
```

Hildene

```
G S O B B E C K W I T H P J L
F N M A M Q D S H J O N L E Q
D P A T A H A T M P N O Q D D
H S N T E X I E X Z L I Y L Z
R E O E B W R W I R O T J M U
G I I N N B Y A U F C A W G P
E N T K U S F R H S N V O M N
O O A I S Z A D M U I R L N T
R E V L C E R S N M L E H A T
G P R L V Y M H O M T S B M A
I T E J S M W I K E R N V L Z
A X S Z K H W P P R E O D L D
N H E R F U G C T I B C R U L
Q D R D I V B R G B O M X P T
Z Q P N Z R P P L V R W M V W
```

Car Complaints

```
Y K M Q D E X M D D Q B T B T
H Y C I S U M D A B C T D O J
R O L R T X P O W A V E H L K
H F H M V G C P M S P O M C S
O S S Z Z T P T R M O C F V V
S X F F U T P C A T B X B W E
M G N I D N E R E V E N O L G
O O W N X H C E U L H A R B A
R A E M S G U B F U W G E M R
D I V L C S G A N Y L K D Y D
T O O C O L D G P Y K N N F A
B X R T D V R T S A A N P K O
J S B H Q Y N A U V F J I U R
D N O B A T H R O O M U U T N
Y P R N O B L I N K E R X X S
```

Shelburne Museum

```
Q D I E H K V E M Y A T B M F
S R X L T H H G T W M O N E T
S O V S L A O M I R A K N Q X
D U K L Y A O O B H A B S B M
V U C Q D O G B H A G K T M Q
R S L R M I C A M J H O L V R
S N A E I F F E Z A I D I O H
Q E I M X C R I D Z E T U E F
H G G L E X M P R K I T Q Y R
C Y W A E R P Q P E C P S V M
J G P P I V I Q J D A U C Y C
B B E W A R T C E L E R D I P
Z P T A X S R K A V D A M H C
W Y E T H M M A D N K P Z S F
Q L J C E N V C C Q A Y J Y F
```

Answer Key

Ben & Jerry's Ice Cream Factory

Dog Chapel

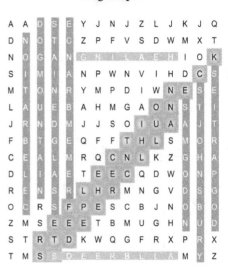

Road Trip Riddles

1. You were! In the beginning it says, "You are steering."

2. Because they were all married and not single.

3. The space that comes after the 64th spoke would be just before the first spoke, so there are 64 spaces.

4. No, it does not collapse. Because the truck has driven a half mile, you would subtract the gas used from the total weight of the truck.

5. A mountain

New Hampshire

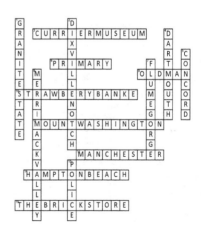

Answer Key

Franconia Notch State Park

```
R T F Q E E I Y P Z C D L P I
O Y R A C K W D A E N R I A N
L M E U A I R R G O I A X I
R D J L F L L X P R N K R L M
A N I V E O O K E O N O T L N
P A E O N H N S J G A R T A M
S M D M O C E O H E C M R F O
Y D O S T E S U N M Y S A R K
L L I M S T O N N U Q K M E J
L O C Q O V M R I L Y N W T F
O A W L R N E W J F L I A A D
P B L K M E L X A L Y X Y W T
S S A P N I A T N U O M W L H
U C T W V G K A H C G I I G E
U N I S A B E H T V M U P M N
```

Hotel Chains

```
O W W Y N D H A M L L T U Q H
P J I D S C H N R D S D A D D
M M O T E L S I X H U D V P Z
A L S L G H I N P N P J K H O
B I D H B M R C G R E Z L F
F J S Y E A A K V V R N E W J
L O W L D R M S L E E I J N D
Y E O P R R A C V A I Y H D L
N W E J J I D T X V G A I I X
Z N E D S O A E O V H D L Z B
X W E S D T V W X N T I T K Z
L Y R I T T J J M B A L O M R
B L Q N O I R A L C J O N X Z
E B A R X O N Y P C M H R G B
Q T T A Y H R A D I S S O N P
```

White Mountain National Forest

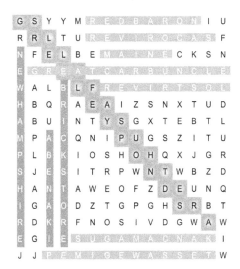

Canterbury Shaker Village

117

Answer Key

Things in the Glove Compartment

```
K T K B A T T E R I E S K Z P
N I Z C A R M A N U A L V C R
Y S A H K M N A R N E R I C E
L S V R K S G S P S O E L R S
L U A V D H O H R Q W G I T S
V E Q E Y V X E R P M I C L U
Q S C Y G Y T B B E F S N C R
W P G N S R Q X N N W T E H E
N H I R A B N I E T O R P A G
K Y I U C R C M B O C A N R A
B N Q E D I U E N Q U T E G U
Z F P A D J G S K T Q I T E G
O K C E R D Z P N G C O I R E
C Q M C K Q X S R I K N H T C
X T R E Z I T I N A S K F E G
```

New England Casinos

1. G
2. E
3. D
4. C
5. A
6. H
7. B
8. I
9. J
10. F

American Classic Arcade Museum

```
T R A S S E M A G E D A C R A
R S R S O R B O I R A M Q P O
B A D A C S V P A C M A N C K
K Z O E L X A W I F V D T Y Z
P X C F T P M Z M E B G O K Q
S J P T Q A H V D T I U P J I
Q N V Q A Z R B A R B Y S Z W
Y H H I S H H E A Z K Z N P B
I O X R H M A T P E H U U R C
Z F K D Q C A B B O R B F M Z
L L A B N I P J V L N F M R Q
T N U H E L P I R T H I V H X
M N I F P M Z E Z Z G Y O B A
X F F O O D F I G H T F C C Y
B R E A K O U T S Y Q B E R T
```

Zeb's General Store

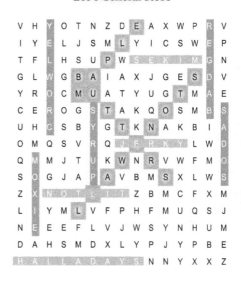

```
V H Y O T N Z D E A X W P R V
I Y E L J S M L Y I C S W E P
T F L H S U P W S E K I M G N
G L W G B A I A X J G E S D V
Y R O C M U A T Y U G T M A E
C E R O G S T A K Q O S M B S
U H C S B Y G T K N A K B I A
O M Q S V R Q J E R K Y L W D
Q M M J T U K W N R V W F M O
S O G J A P A V B M S X L W S
Z X N O T L I T Z B M C F X M
L I Y M L V F P H F M U Q S J
N E E E F L V J W S Y N H U M
D A H S M D X L Y P J Y P B E
H A L L A D A Y S N N Y X X Z
```

Answer Key

Car Safety Tool Kit

Mount Washington

Santa's Village

Maine

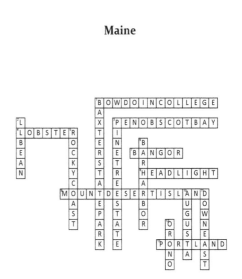

Answer Key

Rangeley Lake State Park

Traveling Songs

1. C
2. A
3. G
4. E
5. J
6. D
7. F
8. I
9. H
10. B

Baxter State Park

Paul Bunyan Statue

Answer Key

Things to Pack

New England Tasting Tour

1. C
2. A
3. B
4. E
5. B
6. D
7. C
8. D
9. B
10. A

Acadia National Park

Coastal Maine Botanical Garden

Answer Key

New England Cultural Festivals

1. D
2. C
3. A
4. B
5. D
6. E
7. B
8. E

CB Radio Phrases

Freeport, Maine

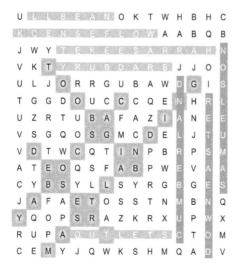

Portland, Maine

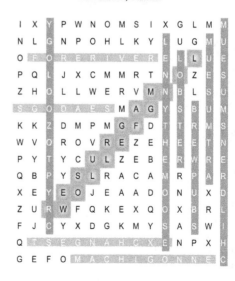

Answer Key

New England Beaches

Things to Spy Along the Way

Strawbery Banke

Fort Constitution

Answer Key

Road Signs

```
D V F Y B G P T T X P R B I B
P I W F G O D D Y A K E C D K
E F J T T Y P E Z N X T L N I
N I L S O T H E V I N E T O E
A T U R W L T R T R I T D I S
T E I E S L C G Y I I F T S
I E U D K W A R T A E M F C T
O M V O W H L O O C V I C U A
N S Y R B S G S X A Q L N R T
A T A N U A Y S R D D D R T E
L G W U Y C D I O N J E S S P
P L E E Q N K N Z C C E M N A
A P N C H O C G U E W P U O R
R I O L B X E L R O J S M C K
K T S R J W S O Y H R P G I H
```

Hammond Castle

```
O T C N F H A E E P U K D J W
G C B H L F G Y Q U N M S E B
J U Q S M G U K Q N G R K L T
Q X I E A Y Q L F N R R Y Y E
Z J A V Z N H X B N A G R O Q
R T R A R C T A B B H L U G P
E T C W E M O I M W K H A R M
X Z H O S P E U Q M N C G A G
Y Q W I C F O D R U O T D G C
B Z A D X U E R I T I N V B J
J U Y A Y U E K U E Y T D J X
T P S R X Q E G V E V A I K B
G L O U C E S T E R D A R E M
G J H J K Q M R B O F L L D S
E K V C I M I N V E N T O R B
```

New England Lighthouses

1. E
2. J
3. A
4. L
5. H
6. B
7. F
8. D
9. K
10. I
11. C
12. G

Salem, Massachusetts

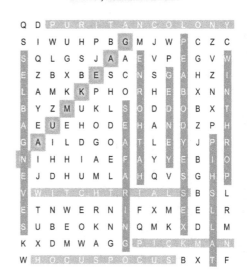

```
Q D P U R I T A N C O L O N Y
S I W U H P B G M J W P C Z C
S Q L G S J A A E V P E G V W
E Z B X B E S C N S G A H Z I
L A M K K P H O R H E B X N N
B Y Z M U K L S O D D O B X T
A E U E H O D E H A N D Z P H
G A I L D G O A T L E Y J P R
N I H H I A E F A Y Y E B I O
E J D H U M L A H Q V S G H P
V W I T C H T R I A L S B S L
E T N W E R N I F X M E E L R
S U B E O K N N Q M K X D L M
K X D M W A G G P I C K M A N
W H O C U S P O C U S B X T F
```

Answer Key

Tires for the Road

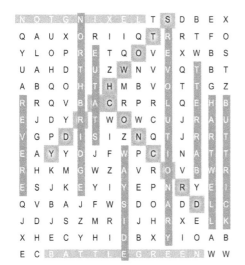

Concord Historic Homes

Minute Man Park

deCordova Sculpture Park and Museum

125

Other Puzzle Books You May Enjoy

The word search puzzles in this book were created with
TheTeachersCorner.net Word Search Maker. The Teacher's Corner,
in Castle Rock, Colorado, began in 1996 to provide free teaching
resources on the internet for teachers and parents. It was originally created,
and is still run today, by Jennifer and Chad Jensen.

The crossword puzzles in this book were created with
CrosswordHobbyist.com Puzzle Maker.
Riddles are courtesy of Riddles.com.

To request a free copy of our current catalog
featuring our best-selling books, write to:
Applewood Books, Inc.
P.O. Box 27
Carlisle, Massachusetts 01741
www.grabapencilpress.com

CPSIA information can be obtained
at www.ICGtesting.com
Printed in the USA
JSHW040512241020
9042JS00002B/2